北京市文物局青年科研丛书
2011年北京市文物局青年业务人员科研成果出版项目

大葆台西汉墓研究
DABAOTAI XIHANMU YANJIU

靳 宝 ● 著

北京燕山出版社

图书在版编目（CIP）数据

大葆台西汉墓研究 / 靳宝著. -- 北京：北京燕山出版社，2012.11
ISBN 978-7-5402-2989-4

Ⅰ. ①大… Ⅱ. ①靳… Ⅲ. ①汉墓－研究－丰台区－西汉时代 Ⅳ. ①K878.84

中国版本图书馆CIP数据核字（2012）第278159号

大葆台西汉墓研究

著　　者：靳　宝
特邀编辑：徐元邦
责任编辑：俞　伽　夏　艳
封面设计：三众工作室
内文设计：北京双子山峰文化传媒有限公司
出版发行：北京燕山出版社有限公司
社　　址：北京市西城区陶然亭路53号
邮　　码：100054
电话传真：86-10-65240430（总编室）
印　　刷：中煤涿州制图印刷厂北京分厂
开　　本：640×960　1/16
字　　数：200千字
印　　张：14
印　　数：001-1000册
版　　别：2012年12月第1版
印　　次：2012年12月第1次印刷
ISBN 978-7-5402-2989-4
定　　价：42.00元

彩版一

1. 安徽六安双墩一号汉墓墓室全景

2. 老山汉墓清理后墓室（南—北）

彩版二

1. 大葆台一号墓出土的铜柲

2. 大葆台一号墓出土的铜柲内部结构图

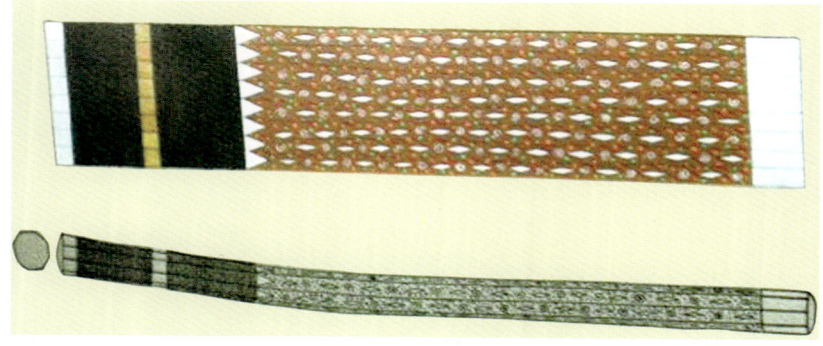

3. 大葆台一号墓出土的铜柲平面示意图

彩版三

1. 大葆台一号墓出土的卷云纹漆板（漆案）

2. 大葆台一号墓出土的云龙纹漆器（瑟）

彩版四

1. 大葆台一号墓出土的云纹漆床上的夔龙纹

2. 大葆台一号墓出土的桃形玛瑙饰件

3. 大葆台一号墓出土的鸡血玛瑙饰件

4. 大葆台一号墓出土的橙黄玛瑙饰件

彩版五

1. 大葆台一号墓出土的圆形玛瑙珠饰件

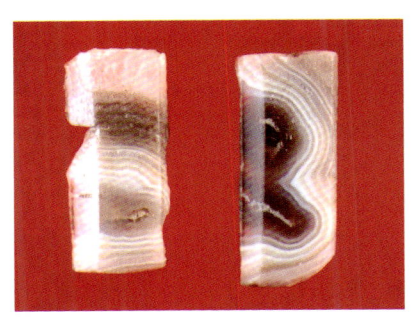

2. 大葆台一号墓出土的条形玛瑙饰件

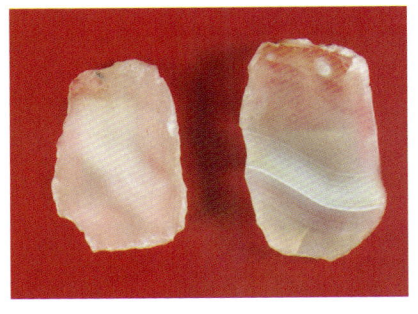

3. 大葆台一号墓出土的灰白玛瑙饰件

彩版六

1. 大葆台一号墓出土的回纹玉璜

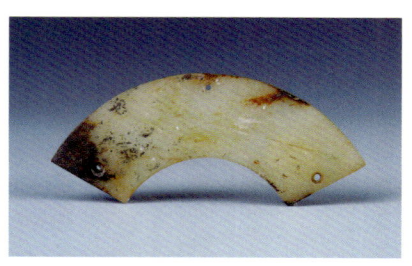

2. 大葆台一号墓出土的素面玉璜

3. 大葆台二号墓出土的玉舞人

4. 大葆台二号墓出土的玉佩

5. 大葆台二号墓出土的玉环

6. 大葆台二号墓出土的玉觿

彩版七

1. 大葆台一号墓出土的玉螭虎饰件

2. 大葆台二号墓出土的玉耳塞

3. 大葆台一号墓出土的镂孔条形玉饰

4. 大葆台一号墓出土的玉衣残片

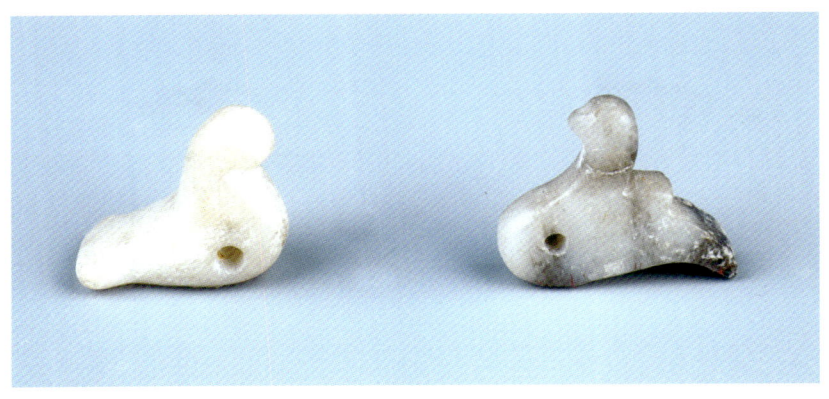

5. 大葆台二号墓出土的玉鸽

彩版八

1. 大葆台一号墓出土的黑衣陶壶

3. 大葆台一号墓出土的龙凤纹玉璧

2. 大葆台二号墓出土的盆形器

4. 大葆台一号墓出土的陶魁

彩版九

1. 大葆台一号墓出土的镶玉铜枕（正面与侧面）

2. 大葆台一号墓出土的镶玉铜枕（复原）

彩版一〇

1. 大葆台一号墓出土的星云纹镜

2. 大葆台一号墓出土的四螭纹镜

3. 大葆台一号墓出土的昭明镜

4. 大葆台二号墓出土的铜虎镇

5. 大葆台一号墓出土的"渔"字铁斧

6. 大葆台一号墓出土的铜豹

1. 大葆台一号墓出土的竹木简

2. 大葆台一号墓出土的六博棋

彩版一二

1. 大葆台一号墓出土的凤纹残骨雕

2. 大葆台一号墓出土的绣绢残件

1. 大葆台一号墓出土的绛紫地绣绢花纹

2. 大葆台一号墓出土的组带遗迹

彩版一四

1. 大葆台一号墓出土的彩绘车（局部）

2. 大葆台一号墓出土的彩绘车轮

图版一

1. 大葆台汉墓（一、二号墓）封土全景

2. 大葆台一号墓墓室全景（东—西）

图版二

1. 大葆台一号墓墓室门西侧黄肠题凑木墙及门立柱

2. 大葆台一号墓墓室西侧黄肠题凑木墙

3. 大葆台一号墓墓室东南角黄肠题凑（北—南）

图版三

1. 大葆台一号墓墓室南侧黄肠题凑木墙及门

2. 大葆台一号墓北侧黄肠题凑及棺床

图版四

 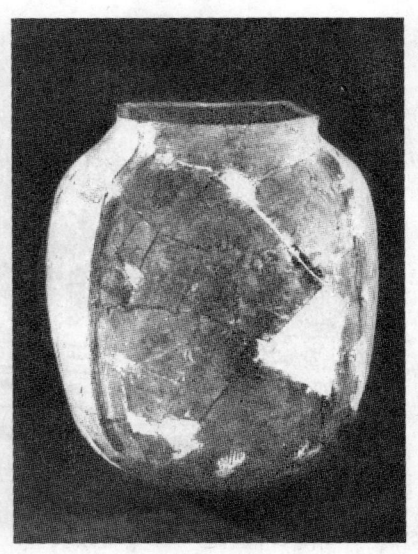

1. 大葆台一号墓出土的方口瓮

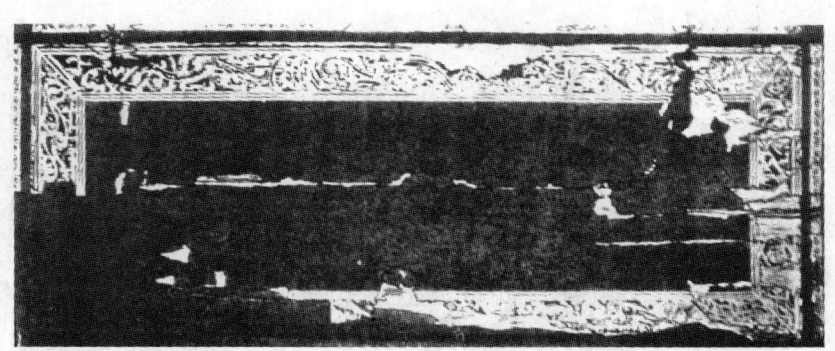

2. 大葆台一号墓出土的残卷云纹漆板(漆案)

图版五

1. 大葆台一号墓出土的云龙纹漆器（瑟）遗迹

2. 大葆台一号墓出土的"黄熊桅神"漆床

图版六

1. 大葆台二号墓出土的花斑石案

2. 大葆台一号墓出土的木杖

图版七

1. 大葆台一号墓出土的漆纱冠残片

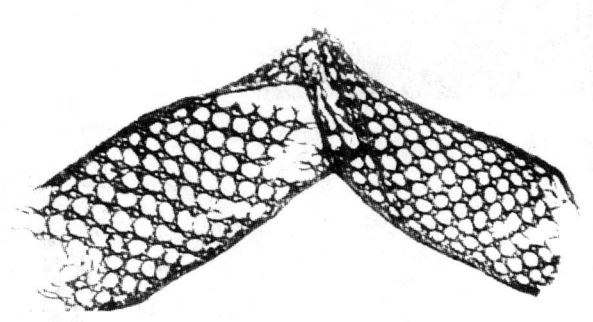

2. 大葆台一号墓出土的组带修复示意图

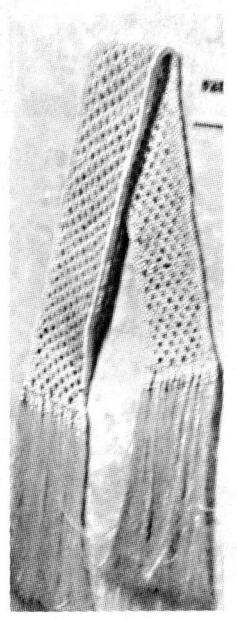

3. 大葆台一号墓出土的组带（复原）

图版八

1. 大葆台一号墓出土车马全景

2. 大葆台一号墓出土的漆盒底针刻文字年号摹本

目录

绪论……………………………………………………………… 1
  一、交汇性：燕文化的特征 …………………………………… 1
  二、北京地区汉代考古发现与研究 …………………………… 5
  三、西汉黄肠题凑考古发现与研究 …………………………… 12

第一章　两汉燕蓟地区诸侯王与诸侯王陵…………………… 27
  一、燕王（广阳王）分封 ……………………………………… 28
  二、燕王（广阳王）陵考辨 …………………………………… 31
  三、燕王（广阳王）陵选址与分布 …………………………… 40

第二章　大葆台西汉墓墓葬布局与结构的重新考察………… 46
  一、墓坑与墓室 ………………………………………………… 47
  二、过道、外回廊与题凑 ……………………………………… 51
  三、内回廊、前室与后室 ……………………………………… 56
  四、墓室结构的重新复原 ……………………………………… 63

第三章　西汉黄肠题凑墓葬形制分析………………………… 66
  一、梓宫 ………………………………………………………… 68

二、便房 ··· 73
　　三、黄肠题凑 ·· 93
　　四、百官藏与外藏椁 ··· 99

第四章　大葆台西汉墓出土文物研究 ······························ 105
　　一、文物定名与组合 ··· 105
　　二、文物内涵及特点 ··· 110
　　三、车马埋葬及其制度 ·· 137

第五章　大葆台西汉墓墓葬年代与墓主人考略 ·················· 140
　　一、墓葬年代 ·· 140
　　二、墓主人 ··· 145

附录一 ··· 147
　　表一：西汉黄肠题凑墓葬发现发掘概况 ······················· 147
　　表二：两汉燕蓟地区诸侯王分封情况 ·························· 149
　　表三：两汉燕蓟地区诸侯王陵概况 ····························· 150
　　表四：西汉黄肠题凑墓题凑情况 ································ 151

附录二 ··· 154
　　漫谈两汉北京 ··· 154

主要参考文献 ··· 180

后记 ·· 195

绪　论

　　1974年至1975年发掘的大葆台西汉墓（一号墓、二号墓），反映了三个方面的意义：一是从墓主人为广阳顷王刘建及其王后来看，它是我们探讨西汉时期幽燕文化的重要物质资料；二是从其所属地区来看，它又是北京地区汉代重大考古成果，为我们考察北京地区汉代历史文化提供了重要物质资料；三是从其墓葬形制来看，它更是我们研究汉代"黄肠题凑"墓葬形制的重要实例。

一、交汇性：燕文化的特征

　　目前学术界所言的"燕文化"多指先秦时期的燕文化，即西周与春秋、战国时期，与楚、秦、中原（三晋两周）、齐鲁、巴蜀、北方草原等诸考古文化并称的，具有自身特色的地域性考古文化[1]。

---

[1] 本文所言先秦燕文化，均参见陈平：《燕文化》，文物出版社，2006年。该书系统总结了先秦燕文化考古发现与研究，且提出了作者自己的深入思考。

与燕文化相关的还有先燕文化。目前而言,"先燕文化实际上代表的只是两周时期燕国地域内的商代诸文化","考古界对'先燕文化'的认定,曾经历过一个从'夏家店下层文化燕南类型'到'张家园(围坊)上层文化'再到'围坊三期文化'的曲折过程。"①

　　关于燕文化的地域范围,学术界曾有不同认识。李学勤先生将东周列国划分为七个文化圈,其中北方文化圈包括燕、中山与赵北②。李伯谦先生在论及中国青铜文化时将商代后期至西周前期的中国青铜文化分为中原等十个文化区,燕文化仍属北方文化区,而对于西周后期至春秋末,他又将燕文化归入中原文化区的文化亚区之一③。陈平先生认为李学勤先生所言的北方文化圈实际就是燕文化圈,不过,北方文化圈的燕文化与赵北、中山文化还有一定的区别,可再细分为两个亚文化圈:一是燕文化亚圈,属中原华夏系;另一是中山、赵北文化亚圈,属北方草原戎狄系④。

　　关于燕文化分区的讨论,实际上涉及一个问题,即燕文化圈与燕文化的包含与被包含。对这一问题的不同认识,与燕国疆域变化有关,也与两周时期的统治制度有关。燕文化圈的划分,有助于我们更好地认识与理解燕文化这一地域文化;而燕文化的划分,有助于我们认识与理解燕国这一国文化⑤。这一思路,对我们认识秦汉时期幽燕文化同样适用和重要。

　　秦始皇吞并六国而统一天下,实行郡县制,废除封国这一西周以来的分封体制。这样,之前的所谓"燕文化"这一侯国文化就名存实亡。

---

① 陈平:《燕文化》,文物出版社,2006年,4页,9页。
② 李学勤:《东周与秦代文明》,文物出版社,1984年,11页~12页。
③ 李伯谦:《中国青铜文化的发展阶段与分区系统》,《华夏考古》1990年2期。
④ 陈平:《燕文化》,文物出版社,2006年,3页。
⑤ 陈平先生曾提出西周燕文化更多强调的是国文化的因素,不同于同期的秦、楚文化,后者强调的是族文化的因素。见陈平:《燕文化》,文物出版社,2006年,2页。

尽管这一区域仍称"燕"、"燕国"、"幽州",但其性质发生了质的变化,即成为秦郡县制下的纯地域文化,原先的国文化因素逐渐失去了主导作用。若从地域范围来讲,似乎仍属燕文化圈。因此,先秦燕文化的某些特征,依然可在秦统一下的幽燕文化中寻找。

西汉继秦之后进一步构建大一统社会秩序和郡县制为主的郡国并行体制,这样,先秦的燕文化之国文化在表面上似乎有所抬头,但主流仍遵循秦始皇开创的大一统体制下的地域文化。随着汉武帝设立"十三州刺史"政治制度,幽燕文化得以正式确立。

从对司马迁的汉代经济分区研究来看①,关于幽燕文化主要有这么几种划分:一是把燕、赵划为一区;二是把燕、赵、中山划为一区;三是把燕、涿划为一区,即汉初燕国之范围,包括上谷、渔阳、右北平、辽西、辽东、广阳郡国及涿郡北部、渤海郡之文安、安次两县。

从对班固的汉代"风俗地理"区域观研究来看,关于幽燕文化主要有这么几种划分:一是把燕地风俗区归为黄河中下游风俗区之一,这里的燕地风俗区并不包括赵、中山(赵、中山属赵地风俗区的风俗亚区),也不包括上谷至辽东诸郡(属东北风俗亚区)和朝鲜诸郡(属东北的朝鲜诸郡风俗亚区)以及代郡、雁门郡(二者属北部风俗亚区),仅指以蓟城为中心的燕蓟区;二是把燕地作为十三区之一来认识,辖地包括渔阳、右北平、辽西、辽东、上谷、代郡、雁门、乐浪、玄菟诸郡及涿郡之大部、渤海郡之北部一隅,还包括广阳国,同时这又可划分为蓟(燕)区、上谷至辽东诸郡(燕北)区和朝鲜诸郡区。

从对扬雄"方言地理"区域观研究来看,关于幽燕文化主要有这么几种划分:一是把燕地划分为燕代系与北燕朝鲜系;二是把燕地划分为燕代、晋之北鄙和燕之北鄙;三是把燕地划分为燕、燕代、北燕、

---

① 雷虹霁女士整理了有关秦汉文化分区的研究成果,并作出了分析与探讨,本文即以此为线索,对燕蓟文化分区进行归纳,特此说明。参见雷虹霁:《秦汉历史地理与文化分区研究——以〈史记〉、〈汉书〉、〈方言〉为中心》,中央民族大学出版社,2007年。

晋和赵、朝鲜洌水，并归入北部及东北部总系。

总的来看，对于燕文化来讲，"在经济分区中，燕区与代（种代）区是两个独立的区域；在风俗分区中，在相当于经济分区中的燕区范围内，有蓟（燕）区和上谷至辽东诸郡（燕北）区，在相当于种代区的范围内，有钟代石北区、定襄云中五原朔方诸郡区及太原上党区。……风俗的分区要较经济分区细致，故才会出现这种几个风俗区范围之和相当于一个经济区的情况。而在方言分区中，一方面将北燕独立出来，与武帝时期新开的朝鲜诸郡地合为北燕朝鲜方言区；另一方面又将燕、代合为一个独立的方言区，这是与经济和风俗区都不相同的地方。"①

从秦汉考古分区来看，有关燕文化分区认识也互不相同。俞伟超先生将西汉前期的地域分为六区，与燕文化有关的有北方地区和辽东地区；王仲殊先生将秦汉时期的全国划分为九大区，与燕文化有关的有长城沿线和北方草原地带以及辽河流域为主的东北地区；刘庆柱先生将汉代墓葬分为八区，与燕文化有关的有晋北地区；李发林先生将西汉考古文化划分为七大区，与燕文化有关的是原燕国及晋北地区；信立祥先生根据汉画像墓进行分区，但没有提及燕文化；雷虹霁女士则在以往基础上将西汉前期考古文化分为七大区，其中与燕文化有关的是北方地区（即燕、赵、中山国与匈奴的文化互动地带）和辽东地区（主要包括燕国所拓之东胡属地），将西汉后期分为九区，与燕文化有关的是北方地区（与西汉前期一样）和东北区（除辽东郡外，还包括新拓边的朝鲜诸郡地区）②。

---

① 雷虹霁：《秦汉历史地理与文化分区研究——以〈史记〉、〈汉书〉、〈方言〉为中心》，中央民族大学出版社，2007年，206页。
② 以上参见雷虹霁：《秦汉历史地理与文化分区研究——以〈史记〉、〈汉书〉、〈方言〉为中心》，中央民族大学出版社，2007年，229页～242页。该书详列了有关秦汉考古文化分区成果，本文只是把其中有关燕文化进行归纳、分析。

俞伟超先生曾建议汉代考古文化分区研究可按照类似"九州考古"的做法,以汉代十三州为地理单元进行划分。当然,学者对此看法不一。不过,关于燕文化,确实印证了俞伟超先生的思路是可以探索的。郑君雷先生就通过对东北汉墓全面梳理并与周边汉墓比较研究,提出"汉墓幽州分布区"这一概念,包括东北、北京、冀东、平壤等地,相当于西汉幽州分布范围①。姜伯国先生也在考古学文化因素分析基础上,以幽州这一地理单元来认识考古学文化分区,将京、津、冀地区汉代墓葬划分为五个墓葬文化分布区,其中北京地区大致属于其中的"西汉墓幽州南部分布区"和"东汉墓幽州南部分布区"②。

无论哪种分区观,似乎都体现出燕文化与燕文化圈的交汇纽带之关系。苏秉琦先生曾指出,"这一地区自古以来就是宜农宜牧地区,既是农牧分界区,又是农牧交错地带,其文化发展的规律性突出表现在:同一时代不同文化群体在这里交错。"③王子今先生从交通地理和风俗文化等方面,明确揭示出汉代燕蓟地区文化特征,即燕地正处于北边区、滨海区以及三晋文化区三个文化区域的交接处,于是成为具有不同区域文化风格的过渡带④。

二、北京地区汉代考古发现与研究

汉代的北京,为北方文明重镇,历史遗迹丰富。20世纪以来,北京地区出土了大量的汉代墓葬、遗址及少量的石刻、画像石等,无论

---

① 郑君雷:《论"西汉墓幽州分布区"》,《考古与文物》2005年6期。
② 姜伯国:《京津冀地区汉代墓葬研究》,吉林大学硕士学位论文,2007年。
③ 苏秉琦:《中国文明起源新探》,辽宁人民出版社,2009年,33页。
④ 王子今:《汉代燕地的文化坐标》,见《汉代文明国际学术研讨会论文集》,北京燕山出版社,2009年。

从数量上,还是从种类上,都值得关注。

到目前为止,北京地区汉墓的发掘数量仍是各类墓葬中最多的。就已公布的资料粗略统计,自20世纪50年代以来,北京地区发现的汉代墓葬,已逾千座,时代历西汉、东汉,跨越四百余年[1]。如果包括未发表的,北京地区历年发现的汉代墓葬达3000座之多[2]。这些墓葬分布于西城区、海淀区、朝阳区、丰台区、石景山区、房山区、通州区、顺义区、怀柔区、平谷区、密云县、延庆县等区县,分布区域较为广泛。所出土的器物,陶器和钱币占多数,还有铜器,以及少量的铁器、漆器、玉器、骨器、石器、印章、石刻、画像石等。

丰台区大葆台西汉墓(一号墓、二号墓)和石景山区老山汉墓,是目前北京最大的三座汉墓。大葆台两座汉墓,均为大型土圹木椁墓,形制相同,特别是一号墓保存较为完整,其形制为尊贵的"黄肠题凑"。两墓虽被盗,但仍出土了不少有价值的器物,体现出统一性与多样性的文化特征[3]。

除了大葆台汉墓、老山汉墓外,还有诸如怀柔城北汉墓群[4],昌平白浮村[5]、半截塔[6]、史家桥[7]汉墓群,平谷西柏店村、唐庄子汉墓群[8],

---

[1] 胡传耸:《北京地区汉墓概况及墓葬形制分析》,《北京文博》2008年4期。
[2] 张治强:《近两年北京地区汉代考古的发现与研究》,见《汉代文明国际学术研讨会论文集》,北京燕山出版社,2009年。
[3] 白云翔:《从大葆台汉墓论汉代物质文化的统一性与多样性》,见《汉代文明国际学术研讨会论文集》,北京燕山出版社,2009年。
[4] 北京市文物工作队:《北京怀柔城北东周战国两汉墓葬》,《考古》1962年5期。
[5] 北京市文物工作队:《北京昌平白浮村汉、唐、元墓葬发掘》,《考古》1962年5期。
[6] 北京市文物工作队:《北京昌平半截塔村东周两汉墓》,《考古》1963年3期。
[7] 北京市文物工作队:《北京昌平史家桥汉墓发掘》,《考古》1963年3期。
[8] 北京市文物工作队:《北京平谷县西柏店和唐庄子汉墓发掘简报》,《考古》1962年5期。

海淀上地汉墓群[1]、顺义临河[2]、田各庄汉墓群[3]、密云提辖庄汉墓群[4]、房山岩上汉墓群[5]，等等。

城址发掘也是北京汉代考古成果的重要内容。20世纪50年代以来，经有关文物考古部门调查，北京地区汉代城址达20余处。这些城址包括封国都城、郡城、县城、侯城等，几乎遍布全市各个区县。至今残存的城址，有的局部巍然矗立，有的甚至轮廓清晰可见，更有的城墙保存甚好。同时，诸多城址还保存一定的文化遗存，这为探究北京地区汉代城市的内部结构和社会生活提供了必要的物质资料[6]。

铸币遗址和窖藏遗址也是北京汉代遗址的重要组成部分，有助于我们了解汉代北京地区的经济和社会生活状况[7]。

除了墓葬及其他上述遗址外，北京汉代考古的成果还包括汉代石刻[8]、画像石[9]，以及其他重要文化遗存[10]。这些都是北京汉代考古的

---

[1] 李达：《海淀区上地村东汉墓》，见《中国考古学年鉴》，文物出版社，1992年。
[2] 北京市文物工作队：《北京顺义临河村东汉墓发掘简报》，《考古》1977年6期。
[3] 李建林：《北京顺义田各庄汉墓发掘简报》，《北京文博》1999年4期。
[4] 李大儒：《密云又出土十座汉墓》，《北京文物报》1998年7期。
[5] 北京市文物研究所：《北京段考古发掘报告集》，科学出版社，2008年。
[6] 参见大葆台西汉墓博物馆编写：《北京地区汉代城址调查与研究》，北京燕山出版社，2009年。
[7] 赵光林：《北京市发现一批古遗址和窖藏文物》，《考古》1989年2期；高桂云：《怀柔县汉代铸钱遗址的发现》，《首都博物馆丛刊》1997年总11期；张先得：《北京市朝阳区出土汉代窖藏货币》，《中国钱币》1983年2期；高桂云、张先得：《记北京市顺义县东汉窖藏货币》，《中国钱币》1984年2期。
[8] 北京市文物工作队：《北京西郊发现汉代石阙清理简报》，《文物》1964年11期。
[9] 喻震：《丰台区三台子出土汉画像石》，《文物》1966年4期。
[10] 王汉彦：《北京市天坛公园内出土一对铜壶》，《文物》1960年3期；张先得：《怀柔县崎峰公社发现汉代马蹄金》，《文物》1976年6期；关续文：《石景山区鲁谷新村出土一对西汉石虎》，《北京文物报》1994年10期。

重要成果，为北京汉文化研究提供了重要实物资料。

有关汉代北京地区的文献资料少而零散，特别是燕王刘旦之后的记载更为简略，这样考古成果就显得十分重要，对其研究也显得很有必要。

综观北京地区汉代考古学研究，主要集中于墓葬、城址方面，出土文物方面的研究，相对较弱。

墓葬方面，一是相关简报或发掘报告的记录与论述[①]，有汉墓发掘报告或简报，有附于相关遗址报告中的论述。二是一些相关综述，如《北京考古四十年》就对1950年~1988年北京地区发现的汉代墓葬资料进行了较为详细的综述，《北京市考古工作的回顾与展望》[②]一文也对北京2004年之前的汉代墓葬的发现与研究情况进行了回顾和总结，其他如北京市文物工作队《建国以来北京市考古和文物保护工作》[③]、陈光《北京市考古五十年》[④]、宋大川《近年来北京考古新成

[①] 如《北京大葆台汉墓》（文物出版社，1989年）、《大葆台西汉木椁墓发掘简报》（《文物》1977年6期）、《北京平谷县西柏店和唐庄子汉墓发掘简报》（《考古》1962年5期）、《北京昌平史家桥汉墓发掘》（《考古》1963年3期）、《北京昌平白浮村汉、唐、元墓葬发掘》（《考古》1962年5期）、《北京怀柔城北东周战国两汉墓葬》（《考古》1962年5期）、《北京昌平半截塔村东周两汉墓》（《考古》1963年3期）、《北京顺义临河村东汉墓发掘简报》（《考古》1977年6期）、《北京顺义田各庄汉墓发掘简报》（《考古》1977年6期）、《北京东南郊三台山东汉墓发掘简报》《北京文物与考古》1983年总第1辑）、《平谷张岱村东汉砖室墓》（《北京考古信息》1989年创刊号）、《北京老山汉墓》（《中国2000年重大考古发现》，文物出版社，2001年）、《房山南正遗址：拒马河流域战国以降时期遗址发掘报告》（科学出版社，2008年）、《北京奥运场馆考古发掘报告》（科学出版社，2007年）、《北京段考古发掘报告集》（科学出版社，2008年）、《平谷杜辛庄遗址》（科学出版社，2009年）、《北京亦庄考古发掘报告：2003-2005年》（科学出版社，2009年）、《密云大唐庄：白河流域古代墓葬发掘报告》（上海古籍出版社，2010年）、《北京市大兴新城北区8号地考古发掘报告》（《文物春秋》2008年4期）等。

[②] 北京市文物研究所：《北京市考古工作的回顾与展望》，《考古》2004年2期。

[③] 见《文物考古工作三十年》，文物出版社，1979年。

[④] 见《新中国考古五十年》，文物出版社，1999年。

果》①、张治强《近两年北京地区汉代考古的发现与研究》②等,都有关于北京地区汉代考古直接或附录式记述。

三是专题性研究。这主要包括两个方面:一是关于大葆台汉墓、老山汉墓的专题性研究。大葆台汉墓发现发掘以来,学术界对其较为关注,产生了一批重要研究成果③,特别是北京市文物局主办、北京市大葆台西汉墓博物馆承办的"汉代文明国际学术研讨会"的召开,推动了这一专题性研究④。研究内容主要集中于葬制,出土器物也有,但相对较弱。葬制方面,主要探讨了墓葬结构、布局、成因及文化内涵等。对墓葬年代与墓主人,也有讨论。而学术界对老山汉墓的研究,相对不多,至今仍未见正式发掘报告或简报发表。不过当时发掘过程,采取了新闻直播的方式,使得世人对其多少有所了解。同时,也有一些研究成果产生⑤。二是对北京地区汉代墓葬综合性研究。如张治强《近

---

① 见《北京文物与考古》第五辑,北京燕山出版社,2002年。
② 见《汉代文明国际学术研讨会论文集》,北京燕山出版社,2009年。
③ 鲁琪:《试谈大葆台西汉墓的"梓宫"、"便房"、"黄肠题凑"》(《文物》1977年6期);王灿炽:《大葆台西汉墓墓主考》(《文物》1986年2期);胡一红:《大葆台西汉墓博物馆车马坑地基的防水保护和加固》(《中国博物馆》2002年3期);侯旭东:《北京大葆台汉墓竹简释义——汉代聚落自名的新证据》(《中国历史文物》2009年5期);王子今:《北京大葆台汉墓出土猫骨及相关问题》(《考古》2010年2期);靳宝:《大葆台汉墓出土"杖"及相关问题》(《北京文博》2011年1期)。
④ 如黄展岳:《重温〈北京大葆台汉墓〉》;吴荣曾:《北京大葆台汉墓墓主考》;高崇文:《西汉"黄肠题凑"葬制再研究》;卢兆荫:《满城汉墓玉器与大葆台汉墓玉器比较研究》;白云翔:《从北京大葆台汉墓论汉代物质文化的统一性与多样性》;刘敏:《从大葆台汉墓再谈西汉朝廷与诸侯王国的关系》等一批重要文章,均见《汉代文明国际学术研讨会论文集》,北京燕山出版社,2009年。
⑤ 孔繁峙:《关于老山汉墓考古发掘与研究的构想》(《北京文博》2000年3期);何汶:《历史的折射——从老山汉墓的发掘看汉代政治、经济的发展》(《地图》2000年4期);闪淑华:《齐心念老山汉墓》(《收藏家》2000年10期);张军军:《老山汉墓发掘记》(上、下)(《两岸关系月刊》2000年8月、10月);王鑫、程利:《北京市石景山区老山汉墓》(《中国考古学年鉴》,文物出版社2001年);郑丽惠:《老山汉墓诸

两年北京地区汉代考古的发现与研究》，胡传耸《北京地区汉代墓葬初步研究》、《北京地区汉墓概况及墓葬形制分析》、《北京地区汉代墓葬分期与年代研究》①等，是直接针对北京汉代考古发现进行整理与初步研究。还有诸如孙波《幽燕地区汉代墓葬研究》②、王浩《燕北五郡及其周边地区汉代墓葬研究》③、蒋璐《中国北方地区汉墓研究》④、相军《京冀地区两汉诸侯王墓研究》⑤、郑君雷《论"西汉墓幽州分布区"》⑥、姜佰国《京津冀地区汉代墓葬研究》⑦等文，对汉代幽燕地区的墓葬类型、分期及特点进行了探讨，这些虽不是关于北京地区汉代墓葬的专题性研究，但对推进北京地区汉代考古研究具有重要参考意义。

城址方面研究，主要是对古蓟城的文献考察与考古调查，以及关于其他一些城址的调查与初步论证。对古蓟城的探查，是北京战国秦

侯王妃是否西域胡女》（《中国文物报》2003年2月28日）；吉林大学边疆考古研究中心、北京市文物研究所：《北京市石景山区老山汉墓出土颅骨的计算机虚拟三维人像复原》（《文物》2004年8期）；吉林大学边疆考古研究中心、北京市文物研究所：《北京市石景山区老山汉墓出土人类遗骸的线粒体DNA分析》（《文物》2004年8期）；吉林大学边疆考古研究中心、北京市文物研究所：《北京市石景山区老山汉墓出土人骨的研究报告》（《文物》2004年8期）；黄荣凤、鲍甫成、李华、刘秀英：《老山汉墓出土木材的年轮年代学研究》（《林业科学》2004年5期）等。

① 胡传耸：《北京地区汉代墓葬初步研究》，见北京市文物研究所《平谷杜辛庄遗址》，科学出版社，2009年；胡传耸：《北京地区汉墓概况及墓葬形制分析》，《北京文博》2008年4期；胡传耸：《北京地区汉代墓葬分期与年代研究》，《北京文博》2009年4期。
② 孙波：《幽燕地区汉代墓葬研究》，见《汉代文明国际学术研讨会论文集》，北京燕山出版社，2009年。
③ 王浩：《燕北五郡及其周边地区汉代墓葬研究》，见《汉代文明国际学术研讨会论文集》，北京燕山出版社，2009年。
④ 蒋璐：《中国北方地区汉墓研究》，吉林大学博士学位论文，2008年。
⑤ 相军：《京冀地区两汉诸侯王墓研究》，吉林大学硕士学位论文，2009年。
⑥ 郑君雷：《论"西汉墓幽州分布区"》，《考古与文物》2005年6期。
⑦ 姜佰国：《京津冀地区汉代墓葬研究》，吉林大学硕士学位论文，2007年。

汉时期考古工作城址方面的重要内容。侯仁之、常征、赵其昌、陈平诸先生对此都有分析和讨论[1]。目前，虽然比较认同宣武门至广安门一带为蓟城所在，但这仍属推测，缺乏考古实探。更有说服力的认识，还需今后大量考古实物来支撑。

至于其他城址调查与研究，如窦店的汉良乡县城，先后多次被考古工作者调查、勘探[2]。通过试掘，该城确为西汉良乡县治，而且对城址的规模、形制和建筑结构有了较为清晰的了解。再如对海淀区清河镇的朱房古城遗址的调查，特别是发掘了一处汉代铜铁冶坊遗址，这尤为重要[3]。该土城原来可能为一座具有军事意义的边城，是秦汉时防胡军事要塞工程重要的一环，同时还是胡、汉民族贸易交通线的集散地[4]。

近年来，北京市大葆台西汉墓博物馆组织业务人员对北京地区汉代城址作了较为全面的实地考察，并结合文献记载，对这些城址进行了初步分析与判断，最终成果已以《北京地区汉代城址调查与研究》一书的形式呈现，这是首部对北京地区汉代城址作较系统的综合性考察与分析，虽其中有值得进一步思考的空间，但不失为研究北京地区汉代城址，甚至北方汉代城址的重要参考。

关于北京地区汉代文明的整体性认识，也有一些研究成果面世。如刘庆柱《汉代考古发现所反映的古都北京在中国历史上的地位》一

---

[1] 侯仁之：《关于古代北京的几个问题》，《文物》1959年9期；赵其昌：《蓟城的探索》，见北京市社会科学院历史所编《北京史研究》（一），北京燕山出版社，1986年；常征：《北京史地丛考》，见《北京史研究》（一），北京燕山出版社，1986年；陈平：《燕亳与蓟城的再探讨》，《北京文博》1997年2期。

[2] 冯秉其等：《房山县古城址调查》，《文物》1959年1期；刘之光、周桓：《北京市周口店区窦店土城调查》，《文物》1959年9期；北京市文物工作队：《北京房山县考古调查简报》，《考古》1963年3期；叶学明、陈光：《北京窦店古城调查与试掘报告》，《考古》1992年8期。

[3] 北京市文物研究所编：《北京考古四十年》，北京燕山出版社，1990年，97页。

[4] 北京市文物研究所编：《北京考古四十年》，北京燕山出版社，1990年，98页。

文对此作了专门论述，他指出古都北京在以汉族为主体的中华民族发展中，发挥着极为重要的作用，而北京这种历史地位的形成与历史作用的发挥是有深刻历史原因的。他从燕都城（蓟城）形制、规模，贵为天子葬制的黄肠题凑葬制在北京地区的发现，北京地区在两汉时期维护汉王朝大一统社会和国家安全的作用等方面，对此进行了详尽的论证[1]。

北京地区汉代考古研究，目前而言，相对其他地区汉代考古研究有些滞后。尽管北京地区汉代墓葬发现的数量已经相当多，但对于这些资料的发表还极为有限，尤其欠缺的是对已发现中小型墓葬的资料信息的发表，而早期发表的昌平、怀柔等地汉墓资料，由于时代的局限，透露的信息在一定程度上还很模糊和不完备，这些情况大大制约了学界对于北京汉代墓葬考古的研究[2]。同时，北京为六朝古都，特别是明清时期，无论文化遗存，还是文献史料，都较其他时段丰富，故研究北京考古和历史者，多集中于元、明、清以来的文化遗存和史学，对北京地区秦、汉、隋、唐考古与历史则关注和重视不够。

三、西汉黄肠题凑考古发现与研究

目前，全国已发现、发掘14座西汉黄肠题凑墓葬（参见附录一：表一），分布在今北京、河北、湖南、江苏、安徽等省、市地区，范围广，结构复杂，形制特别，一定程度上呈现出黄肠题凑产生、发展、成熟、衰落的演变过程。同时，因地域、文化、身份、时代等方面，而出现形制、结构以及保存状况方面的差异。客观认识这些差异，对汉代黄

---

[1] 刘庆柱：《汉代考古发现所反映的古都北京在中国历史上的地位》，见《汉代文明国际学术研讨会论文集》，北京燕山出版社，2009年，3页~6页。
[2] 胡传耸：《北京地区汉代墓葬初步研究》，见《平谷杜辛庄遗址》，科学出版社，2009年，117页。

肠题凑墓葬形制及其制度的理解，会更有意义。

关于黄肠题凑的记述与阐释，汉魏时期的注疏者及其之后的学者对其已有一些思考，略显简单，缺乏实物比照。真正对这一葬制进行广泛而深入研究，则是自大葆台汉墓黄肠题凑形制出土后才开始的。

综观整个研究状况及其成果，主要有这么几个方面：一是关于黄肠题凑的称谓、内涵；二是关于黄肠题凑的产生、发展、消亡过程及其原因；三是有关其他葬制要素的讨论，主要是"梓宫"、"便房"和"外藏椁"。

（一）黄肠题凑的称谓与内涵

综观目前文献记载，秦汉之前只有"题凑"这样称法，秦汉时期才出现黄肠题凑的称谓①。而汉魏时期的诸多记载里，并没有对其作出实物性描述，只是一些文字上的简单注释②，且颇有偏指，各执一说。

待所谓黄肠题凑葬制这一实物呈现在世人面前时，又由于地域、文化、环境、时代及其他条件的差异，学术界对其仍有不同说法。不过，

---

① 东汉初卫宏《汉旧仪》在记录武帝陵墓时提到"内梓棺柏黄肠题凑"（[梁]刘昭补并注《后汉书》卷一六《礼仪志》对此引录），之后有班固《汉书·霍光传》载宣帝赐予功臣霍光"梓宫、便房、黄肠题凑、枞木外藏椁"葬制，魏文帝组织编写的《皇览·冢墓记》载东汉明帝时符节令宋冗谈及秦昭襄王与吕不韦的冢皆以黄肠题凑为制（[宋]王应麟《困学纪闻》卷八、[明]胡应麟《少室山房笔丛》卷一八《三坟补逸下》、[明]董说《七国考》卷一〇《秦丧制》、[清]阎若璩《尚书古文疏证》卷八、[清]孙楷《秦会要》等，对此都有所引论）；还有《续汉书·礼仪志》提及的"治黄肠题凑，便房如礼"等等。当然这时期，题凑之称仍然存在，如《汉书·董贤传》载宠臣董贤的墓葬为"内为便房，刚柏题凑"；桓宽编著《盐铁论·散不足》记当时厚葬之风谈及"今富者绣墙题凑，中者梓棺便椁"等。

② 关于梓宫，服虔曰："棺也。"颜师古曰："以梓木为之，亲身之棺也，为天子制，故亦称梓宫。"关于便房，服虔曰："便房，藏中便坐也。"颜师古曰："便房，小曲室也。如氏以为楩木，名非也。"关于黄肠题凑，苏林曰："以柏木黄心致累棺外，故曰黄肠；木头皆向内，故曰题凑。"关于外藏椁，服虔曰："在正藏外，婢妾藏也，或曰厨厩之属也。"苏林曰："枞木，柏叶，松身。"颜师古曰："《尔雅》及《毛诗传》并云：'枞木松叶柏身，桧木乃柏叶松身耳。'苏说非也。"刘敞曰："以次言之，先亲身者衣被，次梓宫，次便房，次题凑，次外藏，则当以如说为是也。且出汉仪注，宜以为信尔。今但云曲室，果用何木为之，置于何所耶，自是臆说耳。"

这与文献论述相比,已是很大的进步,越来越接近黄肠题凑墓葬形制的原始面貌。

关于汉代黄肠题凑葬制称谓,学术界对此的认识基本一致,即黄肠题凑葬制是一种高级葬制,包括黄肠题凑、梓宫、便房、枞木外藏椁等一整套葬具,其中黄肠题凑是不可缺少的主要葬具。而具体到黄肠题凑这一葬具,对其称谓、内涵则有不同认识。

黄肠题凑发端于题凑,因此在黄肠题凑称谓、内涵问题讨论上,学者们始终围绕题凑与黄肠题凑的关系进行。高崇文先生认为,西汉的题凑应是沿用战国时期的构筑方式,垂直于墓壁的方向层层垒砌,而不会像传统的木椁一样顺墓壁垒砌;西汉诸侯王墓所用黄肠题凑之制,也当承于先秦,并将其更规整、更制度化,成为一套汉代最高等级的葬具[1]。尤振尧先生也指出,黄肠题凑是由"黄肠"和"题凑"两个不同含义的名称而组成,这一名称也不是始终如一,而是随着它的产生、发展、消亡的演变而易名[2]。这都是在强调题凑与黄肠题凑的内在发展演变之联系。

而有的学者则强调题凑与黄肠题凑之间的差异性。刘振东先生对此概括较为全面,主要表现在五个方面:一是用料材质要求不同,题凑的用材,似无严格规定,而黄肠题凑对建筑用料的材质有严格的要求,必须用柏木枋构成,否则便不成其制[3];二是用材长短不同,题凑用材长,黄肠题凑用材短;三是建筑结构不同,题凑是顺墓壁方向垒成,而黄肠题凑是逆墓壁方向垒成;四是题凑枋木的材质和使用者

---

[1] 高崇文:《西汉"黄肠题凑"葬制再研究》,见《汉代文明国际学术研讨会论文集》,北京燕山出版社,2009年。
[2] 尤振尧:《"黄肠题凑"葬制的探讨》,《南京博物院集刊》1982年4期。
[3] 刘德增:《也谈汉代"黄肠题凑"葬制》(《考古》1987年4期);单先进:《西汉"黄肠题凑"葬制初探》(《中国考古学会第三次年会论文集》,文物出版社,1984年),陈平:《"黄肠题凑"与"题凑"略论》(《中国文物报》2000年6月21日)等,对此认识基本一致。

身份在礼制上似无特别明确、严格的规定，而黄肠题凑枋木的材质和使用者身份在礼制上有较明确、严格的规定；五是由题凑葬具似无法构成一整套比较统一的埋葬制度，而由黄肠题凑葬具能构成一整套基本统一的埋葬制度，即黄肠题凑葬制，包括黄肠题凑、梓宫、便房和外藏椁等元素[①]。

关于黄肠题凑的内涵问题，主要有两种认识，一是认为它具有"所以为固"的实用价值；二是认为它还是一种礼制，在建筑上起象征作用。尤振尧先生指出，题凑前冠以黄肠两字，不仅强调柏木材料，而且强调颜色黄心，强调黄色，无疑与"黄，地之色，天玄地黄"、"黄中之色也，君之服也"、"黄为土色，位在中央"的含义有关。同时，他对大葆台汉墓、陡壁山、象鼻嘴和天山汉墓进行了比较，认为其在结构上分为两类，一类是题凑在建筑上承压边枋，起负重作用的实体，大葆台和天山汉墓可归为此类；另一类是题凑建在外椁四周，以至低于外椁，在建筑上仅起象征作用，陡壁山和象鼻嘴墓可归为此类。至于原因，可能与西汉时期并未制定严格的葬制和地域以及自然条件不无关系[②]。单先进先生对此也有相同看法，并指出长沙的两座题凑墓采用凸字形带斜坡墓道的岩坑竖穴墓，墓道底旁并立偶人一对，外棺盖作弧形等，似乎承袭着楚墓的特点；燕王墓墓坑作中字形，棺作长方形，却又具有商代殷王中字形墓坑的特色。这样差异的原因还可能与汉初政治不稳定有关[③]。刘振东先生进一步提出，黄肠题凑墓的构造类似东周时期南方楚国的题凑墓，西汉儒生在制订丧礼之黄肠题凑葬制时，有可能受到楚国题凑墓形制的影响。这或可从一个侧面说明，楚文化渗透

[①] 刘振东：《题凑与黄肠题凑》，见《新世纪的中国考古学——王仲殊先生八十华诞纪念论文集》，科学出版社，2005年。
[②] 尤振尧：《"黄肠题凑"葬制的探讨》，《南京博物院集刊》1982年4期。
[③] 单先进：《西汉"黄肠题凑"葬制初探》，见《中国考古学会第三次年会论文集》，文物出版社，1984年。

到汉文化的各个方面①。陈平先生还提出,从外在形式看,题凑最初是椁壁的加厚;从精神实质上看,题凑是以檐象征宫殿。题凑客观上虽有承重的作用,但它还有比承重更重要的作用,因此它不会只是个承重墙②。

(二)黄肠题凑的产生及其演变

由于对黄肠题凑这一重要葬具的称谓、内涵有不同认识,故对整个葬制的产生、发展也有相应的分歧。反过来,对整个葬制的产生、发展所作的差异性解释,也影响对黄肠题凑这一葬具的称谓、内涵等认识。

关于黄肠题凑的产生,主要归为两类,一类是把题凑与黄肠题凑联系在一起进行考察,其界限并不严格。另一类是把题凑与黄肠题凑截然区别,不可混淆。

归为第一类的,有三种看法。一是,如鲁琪、李如森诸先生认为,题凑之制早在春秋时期就出现了,主要是根据《史记·滑稽列传》、《吴越春秋·阖闾内传》以及《礼记·丧大记》等文献的记载③。二是,单先进先生提出黄肠题凑之制早在战国时期已出现,主要根据《吕氏春秋·孟冬纪·节葬》和河北平山中山王墓出土《兆域图》有关记载④。高崇文先生又作了进一步论证,作者从文献记载和大量考古发现,说明题凑之制是战国时期出现的一种新的构筑方式,即垂直于墓壁的方向层层垒砌,而不会像传统的木椁一样顺墓壁垒砌,其产生应与椁

---

① 刘振东:《题凑与黄肠题凑》,见《新世纪的中国考古学——王仲殊先生八十华诞纪念论文集》,科学出版社,2005年。
② 陈平:《战国秦汉墓"题凑"葬制兴衰、寓意浅析》,见《汉代文明国际学术研讨会论文集》,北京燕山出版社,2009年。
③ 鲁琪:《北京大葆台汉墓·结语》,文物出版社,1989年;李如森:《汉代丧葬礼俗》,沈阳出版社,2003年,85页。
④ 单先进:《西汉"黄肠题凑"葬制初探》,见《中国考古学会第三次年会论文集》,文物出版社,1984年;高崇文:《西汉"黄肠题凑"葬制再研究》,见《汉代文明国际学术研讨会论文集》,北京燕山出版社,2009年。

室的加固有关；而作为埋葬的一种等级制度，大概在战国中晚期的某些国家已开始实行；西汉诸侯王墓所用黄肠题凑之制，也应当承于先秦，并将其更规整、更制度化，成为一套汉代最高等级的葬具①。三是，尤振尧先生认为，题凑作为一种葬制出现，至少远在春秋时期就已存在了，甚至可以追溯到周代，战国时期仍单称题凑，还不是"天子之制"，但亦不是一般身份的官僚、贵族都能享用的。他把黄肠题凑演变过程分为三个阶段：西周至战国为形成阶段，西汉时期为发展阶段，东汉时期为消亡阶段。同时，他还指出这种题凑葬制的出现，与西周、春秋时期盛行的木椁墓有关②。

归入第二类的，也主要有三种观点。一是，刘振东先生提出，作为一种葬具，商代以前的墓中不设题凑，椁室用木板或原木构筑；从西周开始，在大中型墓中用宽厚基本相同的长枋木顺墓壁的方向层层叠置成椁室，椁室外开始局部积炭或膏泥，应是题凑的起源，这可能出于实际的需要，也可能与周礼有关；东周时期，已明确称这种结构的椁室为题凑，但这不是黄肠题凑，黄肠题凑是汉代特有的一种葬具。他把汉代黄肠题凑墓葬形制按其特点分为三个阶段，即汉初、文景时期、西汉中晚期③。还有学者提出类似的认识④。

二是，陈平先生认为，题凑最早应始于战国晚期之初，而且从其萌芽发生到成长定型，经历了一个从时尚到定制的发展过程，即从战国晚期到汉武葬前，题凑只是一种时尚；从汉武葬后到东汉中期，题凑才成为定制。虽然武帝之前的一些诸侯王在其葬制中采用了题凑结

---

① 高崇文：《西汉"黄肠题凑"葬制再研究》，见《汉代文明国际学术研讨会论文集》，北京燕山出版社，2009年。
② 尤振尧：《"黄肠题凑"葬制的探讨》，《南京博物院集刊》1982年4期。
③ 刘振东：《"题凑"与"黄肠题凑"》，《新世纪的中国考古学——王仲殊先生八十华诞纪念论文集》，科学出版社，2005年。
④ 高炜：《汉代"黄肠题凑"墓》，见《新中国的考古发现与研究》，文物出版社，1984年。

构,但这仍保留战国晚期题凑的原始早期形态,还算不上黄肠题凑,只能勉强视为题凑墓,而且还是不太规范的题凑墓,并指出题凑葬制的衰废之因有二,即用材匮乏和砖材的普及使砖室墓取题凑墓而代之[①]。

三是,刘德增先生根据他对黄肠题凑概念的考察,认为黄肠题凑作为一种葬具早在春秋战国时就已见诸记载,但这只是题凑,还不是汉代的黄肠题凑。他把汉代黄肠题凑演变也划分为三个阶段:前期、中期和后期。前期为西汉前期,这时的黄肠题凑制作比较粗糙;中期相当于西汉后期至东汉前期,这时的黄肠题凑制作较为考究;后期相对于东汉中后期,这时的黄肠题凑改木制为石制,失去了原来的内涵,趋于消失,消失之因在于汉代生产力提高和砖室墓与石室墓的兴起[②]。

(三)关于黄肠题凑葬制其他要素的讨论

除了对黄肠题凑的称谓、内涵、产生及其演变等问题进行探讨外,学者们还对这一葬制的梓宫、便房、外藏椁等重要要素进行了认真研究,尤其是关于便房的讨论,备受关注,至今尚无统一认识。

梓宫,对其称谓,主要有两种认识,一是认为,汉时帝王的棺,用梓木制作,称为梓宫[③]。二是认为,天子之棺与臣民之棺的主要区别并非如有的人所说,是宫与棺之间的名号之别,而在于:"礼,天子敛以梓器。"[④]

对梓宫葬具享有者身份来讲,学者们认识基本一致,即梓宫这一

[①] 陈平:《战国秦汉墓"题凑"葬制兴衰、寓意浅议》,见《汉代文明国际学术研讨会论文集》,北京燕山出版社,2009年。
[②] 刘德增:《也谈汉代"黄肠题凑"葬制》,《考古》1987年4期。
[③] 鲁琪:《试谈大葆台西汉墓的"梓宫"、"便房"、"黄肠题凑"》,《文物》1977年6期。
单先进:《西汉"黄肠题凑"葬制初探》,见《中国考古学会第三次年会论文集》,文物出版社,1984年。
[④] 刘德增:《也谈汉代"黄肠题凑"葬制》,《考古》1987年第4期。

葬具，并非天子所专用，有时太后、皇后也能享受。此外，皇帝的宠臣，死后也有用梓宫的。而且从已发现、发掘的几座汉墓所使用的梓宫重数来看，西汉棺椁之制比较混乱，与墓主身份不尽一致。各墓梓宫的尺寸也不尽相同。

那么，梓宫在整个黄肠题凑葬制结构中的位置何在，则有不同说法。一是认为最内一层棺具为梓宫①；二是把棺室正中棺床上的多重棺木，称为梓宫，这是目前诸多学者的认识；三是认为梓宫的具体位置和形式，亦因各墓结构不同而异，如高邮天山汉墓，似应包括内椁，以及内椁里的前室和后室统称梓宫，北京大葆台汉墓似可将后室统称为梓宫，长沙象鼻嘴汉墓也可将内椁之内统称为梓宫②。

至于梓宫与黄肠题凑葬具的关系，主要有两种认识，一种认为梓宫是汉代的最高葬礼，应与黄肠题凑共同使用；不具备黄肠题凑的墓，其棺木虽然也是梓木，似不能称为梓宫③；另一种则认为，凡黄肠题凑墓者一般必用梓宫，反之，凡用梓宫者未必都是黄肠题凑墓④。

便房，这是整个黄肠题凑形制要素中备受争议的一项内容。归纳起来，主要有十种观点。

一是认为墓中的前室为便房⑤。理由有二：第一，根据《后汉书·礼仪下》关于皇帝进入墓室祭奠墓主人的记载，可知从墓道到梓宫，要穿过便房。因此，便房在墓室的前半部。第二，《汉书·霍光传》颜注引服虔曰"便房，藏中便坐也"，以及《汉书》颜注"便坐，谓非正寝，在于旁侧可以延宾者也"，可知便房当是模仿生人居住和宴

---

① [汉]班固：《汉书》卷六八《霍光传》颜师古注，中华书局标点本，1962年。
② 尤振尧：《"黄肠题凑"葬制的探讨》，《南京博物院集刊》1982年4期。
③ 湖南省博物馆：《长沙象鼻嘴一号汉墓》，《考古学报》1981年1期。
④ 尤振尧：《"黄肠题凑"葬制的探讨》，《南京博物院集刊》1982年4期。
⑤ 鲁琪：《试谈大葆台西汉墓的"梓宫"、"便房"、"黄肠题凑"》，《文物》1977年6期，单先进：《西汉"黄肠题凑"葬制初探》，见《中国考古学会第三次年会论文集》，文物出版社，1984年。

飨之所。

二是认为棺室两侧的侧室或内回廊为便房[1]。理由亦有二：第一，墓的正藏之内分明堂、后寝和便房，那么只有棺室两侧的侧室或内回廊为便房；第二，1978年发掘的唐河县新店的一座画像石墓，有题刻说明回廊叫藏阁，这是指汉代的旁门或正室之旁的偏房。

三是认为凹字形的内回廊为便房[2]。这是根据颜师古注得出的看法。

四是认为内椁和棺室总称为便房[3]。理由有五：第一，便房并非住宅中的便坐，而是皇帝谒拜祖先的圣地，是与梓宫、黄肠题凑相提并列的重要礼制性葬具；第二，《后汉书·礼仪志》中记录的皇帝谒便房这条材料中，前一个"谒"字是说皇帝去便房礼拜他的祖先，后一个"谒"字是讲皇帝进了便房，至柩前进行礼拜仪式，显然便房与柩是密切相关的，也就是说柩存于便房之中，这条材料似乎没有皇帝穿过便房去柩前的意思；第三，从发掘资料对照文献材料，便房还是比较清楚的，不论其结构怎样变化，最基本的一条应有曲字形（即"U"字形）木结构，在考古发掘上，称之为异形内椁和棺房；第四，从便房的用途上看，大体有两种作用，一种是安置套棺的地方，便作"安"解，便房就是安置梓宫之处；另一种作用大概是死者的后人礼拜他的地方，便房应有容纳之处；第五，《汉书·霍光传》及如淳注在叙述这些葬具顺序时，便房正处在梓宫和黄肠题凑之间，而黄肠题凑墓中的内椁和棺房正处在黄肠题凑与梓宫之间。便房必须具备以上基本因素，否

---

[1] 俞伟超：《汉代诸侯王与列侯墓葬的形制分析》，见《先秦两汉考古学论集》，文物出版社，1985年。
[2] 鲁琪：《北京大葆台汉墓·结语》，文物出版社，1989年。
[3] 单先进：《西汉"黄肠题凑"葬制初探》，见《中国考古学会第三次年会论文集》，文物出版社，1984年。

则就不能称便房。

五是认为内椁或棺房是用楩木做成,故称便(楩)房或便(楩)椁①。理由有四:第一,便房是用以保幽冥之灵的,前室与外椁箱从其随葬品来看,都不具有这种功能;第二,便房还用于贮藏祭服;第三,说便房是后人礼拜死者的地方似不妥,因为便房处于封土中,后人不能入而礼拜,唯一的例外是合葬,但这只是东汉之制,西汉帝后合葬同茔不同穴,故无此制;第四,"便"非便房之"便"的本字,而是"楩"的假借字,"便房"实即"楩房"。

六是认为内椁正中的棺房为便房②。理由有五:第一,便房的功用是围护梓宫,保幽冥之灵,所以"便房"内不能有其他陈设,也没有任何随葬品,同时也说明它不是用来休息闲宴的地方;第二,从明中前部(前堂)普遍出土漆床、案、盘、耳杯、壶等器物看,新皇帝(或新诸侯王)祭奠先帝(或先王)、拜谒灵柩时,应是在靠近便房的前堂上举行的,而不是在便房内;第三,从《汉书·霍光传》可知,梓宫、便房、黄肠题凑、枞木外藏椁是指四种不同材质的葬具,传文叙述层次清楚,从里到外,便房位于梓宫的外围、黄肠题凑木墙的里边;第四,三国魏人如淳在注《霍光传》时引东汉卫宏记述西汉帝陵形制为"内梓宫、次楩椁、柏黄肠题凑",这就是说便房即为"楩椁",楩与便通假,意即用楩木制作的椁房,当然,用四种不同材料分别制作的梓宫、便房、黄肠题凑和外藏椁,是最完备的乘舆制度,但是否要全部符合《霍光传》所说的四种不同材质,这就不能责备求全了;第五,通过考察已发现的七座木构题凑墓,可以明白地指出,便房位于梓宫外围,是题凑木墙里面的平面呈方形或长方形的木房子。

---

① 刘德增:《也谈汉代"黄肠题凑"葬制》,《考古》1987年4期。
② 黄展岳:《释"便房"》,《中国文物报》1993年6月20日,《西汉陵墓研究中的两个问题》,《文物》2005年4期。

七是认为棺椁之上搭建的简易房屋为便房①。理由有二：第一，依《汉书·霍光传》叙述顺序，便房是一种介于棺和题凑之间的葬具；第二，《汉仪注》叙述中的"梗椁"即为便房；《后汉书·礼仪下》所言"下房"、"人房"的"房"即指便房，其云"便"者，即为简单之意。

八是认为便房的具体位置因各墓形制有异②。理由有二：第一，北京大葆台汉墓将前室定为便房，无疑是对的，长沙象鼻嘴汉墓亦似可将前室定为便房，但高邮天山汉墓情况不同，可以把题凑与中椁之间东西两排各五间厢房定为便房；第二，颜师古、如淳、服虔三人的注释，各从不同角度着眼，"便坐"是指作用言，"小曲室"是指形状言，以"梗"木为名是指材料言，都是可以解释的。

九是认为墓圹、墓室之外，羡道旁侧的一组多室多功用的建筑，为便房③。通过对《续汉书·礼仪下》所载皇帝拜谒便房作了新的解释，得出便房的位置不在墓圹与墓室内，而应当在斜坡墓道的旁侧，与墓道有通道相通。

十是认为黄肠题凑之内的整个椁室即为便房，也称之为便椁④。根据2007年江陵谢家桥一座木椁墓所出遣册记录"便廓具室一"，木椁实际尺度与遣册所记"便廓"非常一致，故"便廓具室一"即指该墓主所用的整具椁室。而黄肠题凑内的整个椁室就是由当时盛行的分箱椁室发展而来，由此可证，黄肠题凑之内的整个椁室即为便房，也称便椁。

对外藏椁，也有不同认识，如：

一是认为，外藏椁即外回廊⑤。

---

① 秦建明、赵琴华：《"便房"初探》，见《陕西历史博物馆馆刊》第七辑，三秦出版社，2000年。
② 尤振尧：《"黄肠题凑"葬制的探讨》，《南京博物院集刊》1982年4期。
③ 萧亢达：《"便房"新解》，《考古与文物》2010年3期。
④ 高崇文：《释"便椁"、"便房"与"便殿"》，《考古与文物》2010年3期。
⑤ 鲁琪：《试谈大葆台西汉墓的"梓官"、"便房"、"黄肠题凑"》，《文物》1977年6期。

二是认为，梓宫、明堂（指椁室内的前室部分）、后寝（指棺室部分）、便房（指椁室两侧的内回廊）、黄肠题凑为正藏，黄肠题凑之外为外藏。不仅外回廊属于外藏椁，而且墓坑内外的一些盛有车、马、牛、羊、奴婢、炊具等的土坑或木椁及其他葬具者，都可称外藏椁①。

三是认为，凡在正藏外，其作用是"婢妾藏也；或厨厩之属也"，就为外藏椁，至于发现的几座黄肠题凑墓，虽然形制不一，随葬品内容有异，但是它的位置及作用都是符合这一要求的②。不过，作者所说的正藏，对于大葆台汉墓和高邮天山汉墓而言为题凑及其之内，那么外藏椁就是外回廊或外侧廊了；而对于长沙象鼻嘴墓，则似应以内椁里面的棺房是正藏，那么棺房之外，就为外藏椁。

四是认为，凡正藏之外，附属该墓，为该墓的正藏服务者都可称外藏；凡用于外藏中刊治的木质葬具皆可称外藏椁。当然，椁的质料并不限于木质，尚有石椁等。大葆台的外回廊已腐朽，内部结构不清，它应与天山汉墓一样，内有隔间，是为外藏；长沙两座题凑墓，外回廊则在题凑之内，也有隔间，也当为外藏。所谓"外藏椁十五具"，应有特定的含义。这里，"具"是某一具体葬具的单位数量，它是属性不同的葬具。梓宫是盛尸的，便房是存柩的，黄肠题凑是用以坚固地下宫殿的，这些都只有单一的属性，十五具外藏椁则应有多种属性。外藏椁的位置似乎无严格的制度，大概如同服虔注的一样，只要在正藏之外即可。作者还把十多座西汉王侯墓的外藏椁归纳为九类，其中以车马库、武库、礼乐库、祭库、贮藏库及厨房为多，奴婢房、家畜圈栏、禽兽厩及金库等次之。同时，外藏椁的多少，正是墓主拥有财产多寡的标志。它除表示财产的类别外，还表示每类财产的多少，故

---

① 俞伟超：《汉代诸侯王与列侯墓葬的形制分析》，见《先秦两汉考古学论集》，文物出版社，1985年。
② 尤振尧：《"黄肠题凑"葬制的探讨》，《南京博物院集刊》1982年4期。

外藏椁多用具表示①。

　　五是认为，黄肠题凑葬制中的外藏椁与其他类型墓中的外藏椁不同，应有其一定的特点。如有的作者根据《汉书·霍光传》中记载的枞木外藏椁，以及其他相关文献和考古资料，提出黄肠题凑墓中的外藏椁是用松木制作而成的②。有的学者还根据陵墓整体形制与布局，来认识黄肠题凑墓葬中外藏椁的特征，即穿土为圹的平地营陵，西汉诸侯王墓多木椁墓，外藏椁则多以外回廊、内回廊的形式出现，如北京大葆台汉墓和高邮天山汉墓、长沙象鼻嘴汉墓；凿山为陵的诸侯王陵，多见西汉前期、中前期的大型崖洞墓，布局发生很大变化，特别是外藏椁的发展复杂化③。

　　六是认为，汉代诸侯王墓中的前室和棺房是正藏④，也就是有的学者所说的明堂和后寝部分。有的学者同意这一观点，并从先秦两汉丧葬礼仪制度发展这个角度作了补充说明，指出，以往研究者多以题凑墙为界，内谓之正藏，外谓之外藏，如果以此区分，那么题凑墙在最外层的黄肠题凑墓，其墓穴内也就没有外藏了。作者认为，确认外藏椁既要看其位置，更要看其所放物品的内容。依服虔的注释，外藏椁放置三方面的物品：一是伺候墓主的婢妾（以俑代替）；二是墓主饮食生活之用品；三是墓主出行用的车马器具等。于是作者得出，凡是放置这类物品的或椁、或室、或回廊、或坑，不论是在题凑之内外，还是墓穴之内外，均可定为外藏。总之，除正藏之外，凡是放置墓主一切生活用品、用具的椁、室、回廊、坑等，均为外藏。黄肠题凑式

---

① 单先进：《西汉"黄肠题凑"葬制初探》，见《中国考古学会第三次年会论文集》，文物出版社，1984年。
② 刘德增：《也谈汉代"黄肠题凑"葬制》，《考古》1987年4期。
③ 郑绍宗、郑滦明：《汉诸侯王陵的营建和葬制》，《文物春秋》2001年2期。
④ 黄展岳：《汉代诸侯王墓论述》，《考古学报》1998年1期。

诸侯王墓是如此，崖洞式诸侯王墓也是如此①。

自从汉代黄肠题凑墓葬发现、发掘以来，学术界对其进行了多角度、多层次的深入探讨，特别对其形制、结构展开争鸣，取得了一些研究成果，大大推进了汉代尊为天子之葬制的黄肠题凑形制研究，也对整个汉代丧葬礼俗的探讨起了很重要的推动作用。随着越来越多的类似墓葬的发现、发掘，这方面的研究会更加深入，对其形制、结构的认识也将越来越清晰。

就目前研究状况而言，学术界对一些问题仍存有分歧，其因有：

第一，各黄肠题凑墓葬，在地域、文化、时代、自然条件、墓主人身份等方面存有一定差异，故一时很难完全理出一条带有规律性的认识来。从地域来讲，主要有北京地区、河北地区、湖南长沙地区、江苏高邮地区、安徽六安地区等，涉及当时广阳王、中山王、长沙王、广陵王、六安王等汉代诸侯王，每一封王的具体背景与历史又有差异。从文化来讲，涉及楚文化、中原文化、北方文化等。从时代来讲，几乎涉及西汉整个时期，包括初期、中后期、晚期等。从自然条件来讲，地形有高山，有平原；气候有暖，有冷。因此，木材资源各不相同。从墓主人身份来讲，有诸侯王，也有王后，就是诸侯王，其身份地位也有相对高低之别。这样，必然会影响到具体的葬制结构和布局，从而给人们认识和总结带来一定的难度。

第二，概念界定不严格。有的学者把题凑与黄肠题凑严格区分，而有的学者则对其含混。同时，有的学者并没有把黄肠题凑葬具与黄肠题凑葬制加以区别。葬具，只是整个葬制的一个要素，而葬制代表的是一种墓葬制度。因此，葬具与葬制不能划等号。

第三，在运用文献史料时，对同一则史料，也有不同的理解，特别是简单或不明确的记载，更会产生分歧。追根溯源，这与古人对其

---

① 高崇文：《西汉"黄肠题凑"葬制再研究》，见《汉代文明国际学术研讨会论文集》，北京燕山出版社，2009年。

注疏角度不同有一定关系。

第四，各发掘简报，有的按照古代名称而叙述葬制结构，有的则按照现代考古术语进行叙述。这样，人们的相关认识就存有一定的难度。当然，不同发掘面貌，很难用同样的词汇来形容、描述，但还应尽量统一，这样易比较，其特点也易识别。

虽然学术界围绕黄肠题凑墓葬形制、结构等方面开展了一系列研究，有的已很深入，成果较为丰富，但对其还有进一步研究的空间。如运用比较方法，对所发现的黄肠题凑墓葬进行较为全面而集中的比较研究，特别是对其形制、结构、地域文化、身份级别、建筑技艺以及随葬品等方面开展深入比较研究，这样或许能看出黄肠题凑墓葬自身发展演变的一些规律性特征。同时，还可以放在整个中国古代丧葬礼仪文化中加以深入分析，或许能得出一些新的认识。

第一章
两汉燕蓟地区诸侯王与诸侯王陵

封建制是殷周以来很重要的政治制度,而春秋战国的混乱局面使得这一制度面临着变革的动向。秦统一之前已有一些诸侯国开始建立郡县制,与分封制并存于国家体制当中。清初王夫之言:"郡县之法,已在秦先。"[1]秦统一六国后废除分封制而实行郡县制,后虽因各种历史因素,分封制曾几度回潮[2],但"郡县之制,无改于秦"[3]。这也是汉承秦制的最主要方面,也是最成功的地方,不仅对汉代政治产生巨大影响,也波及日后历代王朝的政治制度。

汉代诸侯王是汉代分封制度下的封国国王,他们的墓葬就是封国所在地的王陵,是封国内最高等级的墓葬,墓内的埋葬是当时最高物

---

[1] (清)王夫之:《读通鉴论》卷一《秦始皇》,中华书局标点本,1975年。
[2] 吕思勉:《中国制度史》,上海教育出版社,1985年,434页。
[3] 《隋书·地理志》,中华书局标点本,1973年。

质生活的缩影。而郡县制下的郡国并行制度的推行过程，对诸侯王陵埋葬制度和丧葬习俗均有一定影响。因此，了解诸侯王分封对于认识诸侯王陵丧葬制度有积极意义；反过来，通过大量诸侯王墓葬这一实物资料，可以更准确地认识诸侯王分封制度[①]。

一、燕王（广阳王）分封

秦始皇吞并六国，统一天下。但这一帝国梦，很短暂。随着陈胜、吴广于大泽乡揭竿而起，各地纷纷响应。秦二世元年（前209年），陈胜所善大将武臣至邯郸，自立为赵王[②]。他认识到，如果楚王陈胜灭了秦，必加兵于赵，倒不如向北略燕地而扩大、巩固赵的领域与实力。于是，赵王武臣派遣故上谷卒史韩广将兵北徇燕地[③]。

韩广到达燕国之都蓟城后，当地的燕国贵人豪杰劝说韩广曰："楚已立王，赵又已立王。燕虽小，亦万乘之国也，愿将军立为燕王。"韩广以为然，乃自立为燕王[④]。秦二世三年（前207年），燕将臧荼从楚救赵。后，项羽分燕为二国，韩广为辽东王，都无终（今天津蓟县）；臧荼为燕王，都蓟（今北京市区西南）。接着，燕王臧荼又灭了辽东王韩广，辽东属燕[⑤]。

高祖二年（前205年），韩信率三万精兵北举燕、赵[⑥]，燕从风而靡[⑦]，燕王臧荼降汉[⑧]。高祖五年（前202年），汉王刘邦即位皇帝，燕王臧

[①] 近来有学者专门对汉代郡国制度进行了考古学考察，如宋蓉：《汉代郡国分制的考古学观察》，吉林大学博士学位论文，2009年4月。
[②] 《史记》卷一六《秦楚之际月表》，中华书局标点本，1959年。
[③] 《史记》卷四八《陈涉世家》。
[④] 《史记》卷四八《陈涉世家》。
[⑤] 《史记》卷一六《秦楚之际月表》、《史记》卷七《项羽本纪》。
[⑥] 《汉书》卷一上《高帝纪》。
[⑦] 《史记》卷九二《淮阴侯列传》。
[⑧] （宋）乐史著，王文楚等点校：《太平寰宇记》卷六九《河北道·幽州》，中华书局，2007年。

荼为燕王如故。后燕王臧荼反，高祖自将击之，得燕王臧荼，并立太尉卢绾为燕王①。高祖十二年（前195年），燕王卢绾因与叛将陈豨有谋，遭高祖猜疑，遂逃亡匈奴，为东胡卢王。于是，高祖立其儿子刘建为燕灵王②。高后七年（前181年），燕灵王刘建薨，有美人子，太后使人杀之，无后，国除。高后八年（前180年），立吕肃王子东平侯吕通为燕王。高后崩，燕王吕通被诛③。

孝文元年（前179年），徙琅邪王刘泽为燕王，二年薨。孝文三年（前177年），康王刘嘉嗣，二十六年薨。孝景六年（前151年），燕王刘定国嗣，即位二十四年（前127年），坐禽兽行，自杀，国除④。武帝元狩六年（前117年）四月乙巳立其子刘旦为燕王，即位三十七年，昭帝元凤元年（前80年），坐谋反，自杀，国除。宣帝本始元年（前73年）五月，刘旦长

---

① 《史记》卷八《高祖本纪》。
② 《史记》卷八《高祖本纪》。
③ 《史记》卷九《吕太后本纪》。
④ 《汉书》卷一四《诸侯王表》。《史记》卷一七《汉兴以来诸侯王年表》与此一致，且明确记载："元朔元年（前128年），（定国）坐禽兽行自杀。国除为郡。"《史记》卷五一《荆燕世家》也言元朔元年（前128年）定国自杀，国除为郡。《日知录集释》（卷三一，1738页）云："考燕王定国以元朔二年（前127年）秋有罪自杀，国除。"《史记》卷一一《孝景本纪》云"孝景三年（前154年）康王嘉薨"，《集解》徐广曰："表云五年薨。"这些记载基本一致。然而，有些文献对燕康王刘嘉在位年数和燕王刘定国在位年数，记载出入很大。如《汉书》卷三五《荆燕吴传》载曰："文帝元年（前179年），徙泽为燕王，而复以琅邪归齐。泽王燕二年（前177年），薨，谥曰敬王。子康王嘉嗣，九年薨（前168年）。子定国嗣。……定国自杀，立四十二年（前126年），国除。"《资治通鉴》卷一八《武帝元朔二年》（第608页）言："文帝初，王泽始封于燕，传子康王嘉；文帝九年（前171年），嘉毙，定国嗣；盖立四十二年矣。"这更是把《汉书·荆燕吴传》记载的"九年薨"中的"九年"误作"文帝九年"了，实际上应指在位年数。这样遂出现了两种记录：一是燕康王刘嘉在位年数为26年，燕王刘定国在位年数为24年，二是燕康王刘嘉在位年数为9年，燕王刘定国在位年数为42年。巧合的是，这两种记述的两位燕王在位总年数基本一致。基于年表记载的时间较为具体，因而其记录可信度更高，即燕康王在位年数应为26年，燕王刘定国在位年数应为24年。

子刘建以燕王子绍封为广阳顷王,二十九年薨。元帝初元五年(前44年),广阳穆王刘舜嗣,二十一年薨。成帝阳朔二年(前23年),广阳思王刘璜嗣,二十一年薨。哀帝建平四年(前3年),广阳王刘嘉嗣,十二年,王莽篡位,贬为公,明年废①。

如果以《汉书·武五子传》和《汉书·诸侯王表》为依据,则对西汉广阳王嗣位不存在分歧。但在《汉书·王子侯表》中,却出现了不同记载,多了广阳厉王、广阳惠王和广阳缪王。对此,笔者作了详尽考辨,认为《汉书·诸侯王表》的记载是可信的②。

更始二年(24年),宗室刘庆被封为燕王。更始败,燕王刘庆为乱兵所杀,子刘顺归光武,封成武侯③。光武建武二年(26年)夏四月甲午,封叔父刘良为广阳王④。同年,王郎新盛,乃北徇蓟。而故广阳王子刘接⑤起兵蓟中以响应王郎,城内扰乱,转相惊恐⑥。又渔阳太守彭宠反,攻幽州牧朱浮于蓟。建武三年(27年),彭宠攻陷蓟城,自立为燕王。两年后,燕王彭宠被其守奴所杀。建武五年(29年)徙广阳王刘良于赵⑦,建武十三年(37年)省入上谷郡⑧,和帝永元元年(89年)⑨,复立为广阳郡。至献帝又废郡,复立幽州。(可参见附录一:表二)

---

①《汉书》卷一四《诸侯王表》。《汉书·武五子传》与此不同的是,载广阳思王刘璜嗣位为二十年,《文献通考》、《通志》也作二十年。《汉书·诸侯王表》把广阳思王嗣位的具体时间作了记载,相比较而言,《汉书·诸侯王表》记载的准确性相对高一些,广阳思王刘璜继位应为二十一年。

②参见拙作:《〈汉书·王子侯表〉勘误三则》,《史学集刊》2010年增刊。

③(元)马端临:《文献通考》卷二六八《封建考九》,中华书局影印本,1986年。

④《后汉书》卷一上《光武帝纪》,中华书局标本,1964年。

⑤这里的广阳王应指西汉末年的广阳王刘嘉,而非广阳王刘良,因为强调"故广阳王"。同时也说明,广阳王刘嘉有一儿子名为刘接。

⑥《后汉书》卷一上《光武帝纪》。

⑦《后汉书》卷一下《光武帝纪》。《太平寰宇记》卷六七《河北道·幽州》误写为"建武十五年"。

⑧《后汉书》卷一下《光武帝纪》,又见《畿辅通志》卷一三《建置沿革》引《后汉书·郡国志》。

⑨《太平寰宇记》卷六七《河北道·幽州》。而《畿辅通志》卷一三《建置沿革》引《后汉书·郡国志》则作:明帝永平八年(65年)复为广阳郡。

二、燕王（广阳王）陵考辨

从汉代燕蓟地区分封情况来看，仅西汉一朝，在燕蓟地区就分封3位异姓王和9位同姓王，即燕王臧荼、卢绾、刘建、吕通、刘泽、刘嘉、刘定国、刘旦，广阳王刘建、刘舜、刘璜、刘嘉。

其实，并非所有王侯都按王制建陵。异姓王臧荼、吕通皆被擒杀，不会建陵；卢绾亡入匈奴，封为东胡卢王，后忧郁而死，墓不在燕地；末代广阳王刘嘉在新莽时被贬为扶美侯，赐予王姓，随后被废侯爵，故也不会以王制建陵；燕王刘定国被赐自杀，虽其在位24年，应有足够的时间去为自己营建陵墓，但按其道德沦丧的罪行来看，似乎也不会将他按王制埋葬，何况刘定国自杀后，燕便由王国成为汉郡了。至于燕王刘旦，虽也被赐自杀，但鉴于其特殊的政治地位，仍建有陵墓，即文献记载的戾陵[①]。

这样，除了臧荼、吕通、卢绾、刘嘉、刘定国之外，其余7位诸侯王会按照诸侯王埋葬礼制葬在蓟城及其附近。另按西汉葬制，诸侯王与王后并穴合葬，故在今北京地区西汉燕（广阳）王及王后墓至少有14座。如果加上广阳王刘嘉和燕王刘定国这两座非王制墓葬，可达18座之多。

见于文献记载的东汉诸燕王（广阳王），如燕王刘庆，更始二年被封，后更始败，为乱兵所杀[②]；渔阳太守彭宠于建武三年（27年）自封为燕王，建武五年（29年）二月即被奴所杀，虽彭宠尚书韩立、高宣等共立宠子午为燕王，但没过几天就被彭宠国师斩首[③]。故这几位燕王都没有建陵的可能。建武二年（26年）封为广阳王的刘良[④]，

---

① 参见陈康：《西汉燕（广阳）王墓辨》，《北京文博》2001年1期。
② 《文献通考》卷二六八《封建考九》。
③ 《后汉书》卷一二《彭宠传》。
④ (东晋)袁宏撰，张烈点校：《后汉纪》卷四《光武皇帝纪》，中华书局标点本，2002年。

建武五年（29年）三月徙为赵王①，其陵不在燕地。同时，自广阳王刘良被徙为赵王不久，广阳就并入上谷郡，尽管和帝时期重新恢复广阳的"独立"，也只是广阳郡，而非广阳国了，直至东汉末年②。因此，东汉时期没有燕王（广阳王）陵墓存在于蓟城及邻近地区。

这样，两汉时期，在今北京地区至少葬有18座燕（广阳）王（后）墓，其中14座按王制建陵，称其为王陵，级别高、规模大（可参见附录一：表三）。目前已发现、发掘三座王（后）陵，即大葆台一、二号汉墓和老山汉墓。至于其他一些王陵，我们也可从文献史料探寻一些线索。

北魏郦道元在其《水经注》中曾有关于燕王陵的记载，如《水经注》卷一三《漯水》载曰：

漯水又东与洗马沟水合，水上承蓟水，西注大湖。湖有二源，水俱出县西北，平地导源，流结西湖。湖东西二里，南北三里，盖燕之旧池也。绿水澄澹，川亭望远，亦为游瞩之胜所也。湖水东流为洗马沟，侧城南门东注，昔铫期奋战处也。其水又东入漯水，漯水又东径燕王陵南，陵有伏道，西北出蓟城中。景明中造浮图建刹，穷泉掘得此道，王府所禁，莫有寻者。通城西北大陵，而是二坟，基趾磐固，犹自高壮，竟不知何王陵也。漯水又东南，高梁之水注焉。水出蓟城西北平地，泉流东注，径燕王陵北，又东径蓟城北，又东南流。《魏土地记》曰：'蓟东十里有高梁之水者也。'其水又东南入漯水。

漯水，诸多版本均作"湿水"，源于雁门阴馆县累头山，又曰治水。阴馆县，汉初为楼烦乡，后置县。就北京地区而言，漯水即后来的永定河。

---

① 《后汉纪》卷五《光武皇帝纪》。
② 参见《后汉书》卷一下《光武帝纪下》、《太平寰宇记》卷六七《河北道·幽州》、《畿辅通志》卷一三《建置沿革》。

先是,"漯水自南出山,谓之清泉河,俗亦谓之曰干水,非也。漯水又东南径良乡县之北界,历梁山南,高梁水出焉。漯水又东径广阳县故城北,谢承《后汉书》曰:'世祖与铫期出蓟至广阳,欲南行。'即此城也。谓之小广阳。漯水又东北径蓟县故城南,《魏土地记》曰:'蓟城南七里有清泉河,而不径其北。'盖《经》误证矣。"①

接着,东向与洗马沟水(今北京莲花河)合。洗马沟水发源于西湖(今北京广安门外莲花池),后注入漯水。漯水又东流经燕王陵南。燕王陵有伏道,西北出蓟城中。北魏宣武帝景明(500年—504年)年间曾在施工中发现此道,后因官府禁掘,莫有探寻者。据郦道元记载,这里的燕王陵共有两座,位于蓟城的东南,当时陵墓还存在,高大雄伟,至于墓主人是谁,郦道元也并不清楚。

郦道元在这段记载中还提到另外一处燕王陵,即高梁之水所径之燕王陵。高梁之水发源于蓟城西北的一处平地泉,它流经燕王陵北,又东经蓟城北,又东南注入漯水。这一燕王陵之墓主为谁,郦道元在此没有进一步说明。

前述提及漯水在流经梁山南时,延伸出一支流,即高梁水。又《水经注》卷一四《鲍丘水》载曰:"鲍丘水入潞,通得潞河之称矣。高梁水注之,水首受漯水于戾陵堰,水北有梁山,山有燕刺王旦之陵,故以戾陵名堰。水自堰枝分,东径梁山南,又东北径《刘靖碑》北。……又东南流,径蓟县北,又东至潞县,注于鲍丘水。"这是说,高梁水实际是发源于漯水之戾陵堰,戾陵堰又位于梁山南,山上有燕王刘旦之陵。之后,高梁水东经梁山南(即今石景山②),又东南流经蓟县北,又东至潞县,注入鲍丘水。

这样,《水经注》中所记述的高梁之水与高梁水似乎并不是指同一河流。首先,发源地不同:一为平地一处泉水(即现在北京紫竹院

---

① (北魏)郦道元著,陈桥驿校证:《水经注校证》,中华书局,2007年,324页。
② 侯仁之:《关于古代北京的几个问题》,《文物》1959年9期。

公园湖泊的前身);一为从山西而来的㶟水。其次,流向也不同:一是说径燕王陵北;一是说径燕王陵南。如果这两处提及的燕王陵并非同一燕王陵,那么高梁之水的流经就没有问题,但这一燕王陵墓主又是谁?如果为同一燕王陵,那么高梁之水的流向与发源地就是矛盾的,即它不可能从蓟城西北一处平地泉发出而倒流回梁山南,然后再返回蓟城北。

目前,学术界对郦道元《水经注》中"高梁水"和"高梁之水"的解释,主要有两种:

侯仁之先生认为,高梁之水与高梁水有别,梁山以南分出的高梁水,实际上是经人工渠道(车箱渠)把所分㶟水导入了天然高梁水(高梁之水)的上源。天然高梁水,水出蓟城西北平地,即现在西直门外紫竹院公园湖泊的前身。原来的高梁水,从此发源,东流经蓟城北,又转而东南,经蓟城之东十里,又东南流入㶟水[①]。

罗保平先生则提出,古代的高梁水并不是一条有其发源地的独立河流,它是湿水的一条支流。根据中科院和北师大地理系的考察,其走向大致是从石景山南侧向东北流经八宝山北,入紫竹院,过积水潭、北海、中海,又流入凉水河。而注入鲍丘水的高梁水,指的仍是湿水故道。对"(高梁之水)出蓟城西北平地……"这一段,作者指出可否作这样解释:"高梁之水"是湿水河道迁移蓟城之南以后,其原高梁水故道水量所剩有限,已成一条小河流,这时注入高梁水的紫竹院平地泉及西北山区的小溪流,则成为高梁水源的重要供给地,从而造成高梁水源于紫竹院平地泉的假象[②]。

按照侯先生的观点,高梁水与高梁之水来源不同,但最后还是汇

[①] 侯仁之:《关于古代北京的几个问题》,《文物》1959年9期。
[②] 罗保平:《刘靖建戾陵遏位置之商榷》,见《京华旧事存真》第四辑,北京古籍出版社,1997年,又见苏天钧主编《北京考古集成》(四),北京出版社,1999年,1187页~1190页。

为一条河流,分属两段而已。如果这样的话,《水经注》所言"高梁之水"流经"燕王陵",并不是指高梁水流经的燕刺王刘旦之陵,因为一为"燕王陵南",一为"燕王陵北"。有可能高梁之水流经的"燕王陵",指的是蓟城东南的燕王陵,从方向上看,倒是高梁之水在蓟城东南燕王陵的北面,这与高梁之水流经燕王陵北的记述是不矛盾的,但二者距离似乎稍远了些。

如果按照罗先生的认识,高梁水与高梁之水,同属湿水的故道,只不过对高梁之水起源蓟城西北平地泉的解释不同于侯先生。他认为,西北平地泉是注入原来的高梁水,形成了高梁水源于平地泉的假象。不过,这对于燕王陵的考察,并没有影响,仍然无法解释流经"燕王陵南"与"燕王陵北"这一矛盾记述。可能的解释,还是高梁之水所谓流经的燕王陵北之燕王陵,不是指刘旦戾陵,或为蓟城东南燕王陵,或为其他燕王陵,有待进一步研究与考古证实。

1956年在永定门外安乐林村大公报宿舍工地出土唐姚子昂墓志并盖,志石现藏于首都博物馆。志云:子昂"葬于幽州城东南六里燕台乡之原"。志又云:墓地"左带梁河,近瞩东流之水,右临城廓,西接燕王之陵"。有学者对该墓志进行了考证,指出姚子昂墓志早于金大定三百八十余年,记载了燕王陵在幽州城之东南,志文与郦道元《水经注》、《金史·蔡珪传》所记燕王陵方位相吻合。由此观之,汉两燕王陵由汉、北魏、唐、辽直至金大定九年,历经一千三百多年,皆在蓟城(唐幽州城)东南,其位置未变[①]。侯仁之先生对此作了进一步分析,他指出,墓志所提到的梁河,即为高梁河,由于文字对偶的关系,略去了一个高字,高梁河的故道,由今左安门外向东南流去,正是墓地的左方,所以说是"左带梁河,近瞩东流之水",这是第一次从实物发现中所知有关高梁河下游位置的记载,至可宝贵;志文所谓"右临城廓",即指蓟城,至于"燕王之陵",也有可考,即《水经注》

---

① 鲁晓帆:《唐姚子昂墓志考》,《首都博物馆丛刊》1993年总第8期。

中所记"漯水又东径燕王陵南,陵有伏道,西北出蓟城中"的燕王陵,由此可知蓟城东南,确有燕王陵,其陵址去城不远,所以到了金朝开拓城垣兴建中都时,此陵竟入城中,于是不得不进行迁葬。所以,志文称"西接燕王之陵"也是完全正确的①。

又《金史》卷一二五《文艺列传上·蔡松年附蔡珪传》载曰:

"珪字正甫。中进士第,不求调,久乃除澄州军事判官,迁三河主簿。丁父忧,起复翰林修撰,同知制诰。在职八年,改户部员外郎,兼太常丞。珪号为辨博,凡朝廷制度损益,珪为编类详定检讨删定官。初,两燕王墓旧在中都东城外,海陵广京城围,墓在东城内。前尝有盗发其墓。大定九年(1169年)诏改葬于城外。俗传六国时燕王及太子丹之葬。及启圹,其东墓之柩题其和曰'燕灵王旧'。'旧',古'柩'字,通用②,乃西汉高祖子刘建葬也。其西墓,盖燕康王刘嘉之葬也。珪作《两燕王墓辩》,据葬制名物,款刻甚详。"

金人蔡珪首次根据出土墓葬的形制和名物,揭示了自北魏郦道元以来所记述两燕王陵墓主问题,其中东墓之主人为燕灵王刘建,这是毫无疑问的;而西墓,他虽不十分确定,但推测其为燕康王刘嘉。这些论述是可信的,理由有二:一是蔡珪依据的是葬制名物,为考古实证;二是他在学术上"问学之博,考索之精"③,只不过由于兵难等因素,其所著述的《两燕王墓辩》等重要文字篇章散失殆尽。两燕王墓,"自大定九年改葬后,其遗迹遂莫可辨矣。"④

---

① 侯仁之:《关于古代北京的几个问题》,《文物》1959年9期。
② 吴玉搢:《别雅》卷四:"'旧','柩'也。《字汇补》引《金史·蔡珪传》燕灵王'旧',谓'旧'古'柩'字,通用。按'柩'字,古文本作'匶',此或从'匶'省,或讹作'旧'也,'旧'非古'柩'字。"(《文渊阁四库全书》影印本,商务印书馆,2005年)。
③ (元)苏天爵:《滋溪文稿》卷二九《题跋·题补正水经后》,陈高华、孟繁清点校,中华书局,1997年。
④ 《日下旧闻考》卷一五六《存疑》,北京古籍出版社标点本,1981年。

《金史·世宗纪》也载曰:"(大定九年二月)丙申诏改葬汉二燕王于城东。"

清代学者赵一清《水经注释》卷一三《漯水》亦曰:"《魏书·地形志》:燕郡蓟有燕昭王陵、燕惠王陵。后人遂因此误以燕剌王旦戾陵当之,非。戾陵在蓟西南,此陵在蓟东南。观道元所叙高梁河甚明。……观此,则知《地形志》之非,道元疑而未定,可谓有识者矣。"

此外,宋代学者洪迈在其《夷坚志》甲卷一《燕王迁都》中曾有这样一段记述:

金天德二年(1150年)五月,以燕山城隘而人众,欲广之,其东南隅曰'通州门',西南曰'西京门',各有高丘,俗呼曰'燕王冢',不能知其为何代何王也。及是立标埒定基址,东墓正妨碍,议欲削其北面以增雉堞。工役未施之数日,都民于中夜时闻人声云:燕王迁都。皆出而观之,见銮辂、仪卫前后杂沓,灯烛荧耀,香风袭人,罗列十里,从东丘至西冢,遂灭。明夕复然。民以白府留守张君,为请于朝廷,乃遇枉其叠以避之。

这也就是说,早于正式改葬汉二燕王陵近二十年前,就曾在燕京城扩建计划中涉及两燕王墓。这里提及东南"通州门"与西南"西京门",未见于《金史·地理志上》、《大金国志·燕京制度》所载[①]。值得注

[①] 另外,它与辽南京城门也不同。《辽史·地理志》载,南京城有八门,东曰安东、迎春,南曰开阳、丹凤,西曰显西、清晋,北曰通天、拱辰。许亢宗《宣和乙巳奉使行程录》亦云"城开八门",正与《辽史·地理志》相符。路振《乘轺录》不云城门数目,所举城门名称每与《辽史·地理志》相左,如称东南曰水窗门,西曰青音门,北曰北安门等。其中,有些属于后世传写所讹,如青音当为清晋之讹,有些或属当地民间俗称,犹如今日北京人称正阳门为前门一样,北安门当即通天门,水窗门当即迎春门。(参见于德源:《北京历代城坊·官殿·苑囿》,首都师范大学出版社,1997年,24页~25页。)

意的是，金中都的城门还有瓮城，瓮城门有三座，一正两侧。文献明确记载的，南门丰宜门有瓮城。有的学者根据中轴线原理，认为正北门通玄门也应有瓮城①。那么《夷坚志》所提及的"通州门"、"西京门"是否为南门中的瓮城门呢？经有关考察，金中都南城墙应在凤凰咀村土城遗址一直向东，经万泉寺、石门村、霍道口、祖家庄、菜户营等地，东南角为永定门火车站以南的四路通村，实测约有4750米②。《夷坚志》所言"罗列十里，从东丘至西冢遂灭"，在距离上似乎与此较为符合。另据《大金国志·东海郡侯纪下》载，崇庆元年（1212年）十一月初一日，蒙古军复围困中都，"攻顺阳门、南顺门、四会门"。有学者认为，顺阳门、四会门当亦属中都外城门的俗称或别称，然史文简略，皆不知所指③。这一点说明并非所有门都有明确记述，东南"通州门"、西南"西京门"的出现，亦必有据。

《夷坚志》的这一记述更加详尽地反映了两燕王陵的历史事实，所言"罗列十里，从东丘至西冢遂灭"，也明确说明两墓不可能为王陵及其王后陵的并穴合葬陵墓，而应为两座不同的王陵——燕灵王墓与燕康王墓的分析，是可信的。按照西汉王、后并穴合葬这一丧葬礼制，这两座王陵应为两座夫妻并穴合葬墓，也就是说应有四座陵墓。不知为何蔡珪等并没有提及各自的王后陵墓，具体事实，只待日后考古发掘来说明了。

近来有学者认为《水经注》所言"㶟水又东径燕王陵南，陵有伏道，西北出蓟城中"中的燕王陵，按其地望，是否为姚子昂墓志所言，值得商榷，倒是与大葆台汉墓有几分吻合，理由是：姚子昂墓位于幽州的燕台乡，与大葆台汉墓所在的正礼乡相距不远④。

---

① 于德源：《北京历代城坊·官殿·苑囿》，首都师范大学出版社，1997年，48页。
② 于德源：《北京历代城坊·官殿·苑囿》，首都师范大学出版社，1997年，44页。
③ 于德源：《北京历代城坊·官殿·苑囿》，首都师范大学出版社，1997年，48页。
④ 陈康：《西汉燕（广阳）王墓辨》，《北京文博》2001年1期。

关于正礼乡，1981年11月，在丰台区大葆台附近发现唐代墓葬一座，该墓位于大葆台西汉墓博物馆南一里许的铁路边上。墓虽早年被盗，但出土墓志一合，有志盖、志铭，共二石。盖正中阴刻篆文"阳氏墓志"四字。志铭为楷书，共有18行，残存约322字。其中"三月八日卜其宅址于蓟城西南廿里正礼乡南胡堡村"这一志铭，是非常重要的一条考古材料①。赵其昌先生认为其地为唐时正统乡无疑，以前未见记录，为新发现②。

关于唐幽州燕台乡，据赵其昌先生考证，西北界当直达城垣，西南界会川乡，乡界可在安乐林至邓村之间。北界于安乐林之北，琉璃厂南，东及广渠门之南的适当地区，唯有乡之东界，一时难以划出，如果比照燕夏乡之东界，以王仲堪葬地广渠门附近为准，也许相差无多。后又根据1989年8月丰台区西罗园发现"唐董长庆墓志"，记董君"大中十三年（859年）归窆于幽州蓟县之东岗燕台乡新莹"，1985年丰台区蒲黄榆方庄小区（焦家花园）发现"唐彭城夫人刘氏墓志"，记"大和七年（833年）卒，其年十二月葬幽府东南十里燕台乡高义村之原"，证实永定门外西南侧西罗园地区，以及其东的蒲黄榆方庄小区，在唐代分别为燕台乡的东岗村和高义村③。

另据赵其昌先生文中"唐幽州村乡复原示意图"，所谓西接燕王之陵，说明唐幽州城东南有座燕王陵，其位置就在燕台乡范围内。而且，从赵其昌先生文中"唐幽州村乡再探图示"来看，燕台乡与正统乡相距很远，之间隔有会川乡、招贤乡、广宁乡、效德乡，因此无法把《水经注》与唐姚子昂墓志所载的燕王陵与大葆台汉墓相连。

综合考古实物资料和文献记载，14座汉代燕（广阳）王（后）陵中，有迹可寻的有：西北向的燕王刘旦陵墓，东南向的燕灵王刘建陵墓和燕康

---

① 洪欣：《唐〈王时邕墓志〉、〈阳氏墓志〉》，见《北京文物与考古》第二辑，北京燕山出版社，1991年。
② 赵其昌：《唐幽州村乡再探》，见《京华集》，文物出版社，2008年，58页。
③ 赵其昌：《唐幽州村乡初探》、《唐幽州村乡再探》，见《京华集》，文物出版社，2008年，36页～59页。

王刘嘉陵墓①，正式发掘的西南向的大葆台广阳顷王刘建与王后墓，以及西北向的老山某代燕王、王后墓。如果按照西汉时期夫妻并穴合葬制度，那么这些王陵就会达到10座②。因此，从这些王陵的选址和分布等方面，可以看出一些相关陵墓制度问题。

三、燕王（广阳王）陵选址与分布

据有关学者统计，在西汉王朝存在的209年间，至少会形成310座以上的诸侯王陵③。目前已发掘60多座西汉诸侯王陵墓④，基本可

---

① 据有关记载，二陵似乎被迁移到蓟城东部，即现今顺义区燕王庄一带。具体事实，只待今后考古发掘来说明了。
② 合葬的方式很早就已出现，不同时期的不同形式又有不同的含义。汉代以前的墓葬曾发现少量的夫妻异穴或同椁室合葬形式。西汉早期开始，合葬墓数量大幅增加，且以夫妻并穴合葬为主要形式。西汉中期开始出现由夫妻同穴合葬转变，而且合葬数量占很大比重。西汉晚期至东汉时期，同穴合葬则成为主要形式，夫妻双双或一家数口，甚至几代人合葬一墓。（参见谭长生《论汉代墓葬的文化特点》，见《探古求原—考古杂志社成立十周年纪念学术文集》，科学出版社，2007年，258页～277页。）西汉帝陵均采用夫妻并穴合葬这种形式（参见刘庆柱等《西汉十一陵》，陕西人民出版社，1987年。），西汉早期的诸侯王、列侯级别的墓一般也是这种形式。燕王刘旦庆陵，应包括其王后墓；燕灵王刘建墓及未定的西墓，虽然当时在迁葬过程中只提及有"燕灵王旧"，但按照西汉早期的合葬制度，其王后墓也应存在，只不过如《日下旧闻考》作者所言"其迹莫辨矣"，同样未定的西墓也应为王及王后两墓并穴合葬；至于老山汉墓，根据当时发掘人员的初步勘探和有关遥感科学探测，发现在老山汉墓附近有几处异常地点，如在距该墓以西一百多米处，不仅发现有大型夯土层堆积，从外观上也可看出土丘的下部呈方形，与汉墓的封土堆极为相似，推测有可能是一座墓葬，因此，可以确定老山汉墓周围是一处燕王陵区（参见王鑫：《北京老山汉墓》，见《2000年中国重要考古发现》，文物出版社，2001年）。
③ 刘瑞、刘涛：《西汉诸侯王陵墓制度研究》，中国社会科学出版社，2010年，61页。
④ 关于目前西汉诸侯王墓发掘数量，有几种说法：一种认为，目前考古发掘认定的西汉诸侯王陵墓总数达18国64座，空间的分布也相当的广泛，主要集中在江苏、河南、河北、山东、湖南、北京等地区。（刘涛：《西汉诸侯王陵墓形制的演变》，见《汉代考古与汉文化国际学术研讨会论文集》，齐鲁社，2006年），另一种则认为，据初步统计，现我们已发现西汉时期诸侯王陵墓16国66座左右，分布于河北、河南、江苏、湖南、山东、北京等省市。（刘瑞：《西汉诸侯王陵墓制度三题》，见《汉代考古与汉文化国际学术研讨会论文集》，齐鲁书社，2006年）。

以对汉诸侯王陵的营建制度和葬制等方面寻找出一些规律性的东西，大体可以看出王陵发展演变的情况①。这是汉文化统一性或趋同性在陵墓制度方面的反映和体现②。同时，汉文化涵盖的空间范围，远远超过以前的任何一种中国的考古学文化，所以其中存在的区域差异性，一定是很大的，对汉文化的研究，不能回避区域差别问题③。燕王（广阳王）陵作为汉代诸侯王陵，必然体现汉文化的统一性与多样性特征。

从战国时代各诸侯王墓大兴版筑方坟开始，至秦汉时代的帝王陵墓都盛行筑造巨大坟墓，同时还十分重视坟墓的立地与周围自然景观的相互关系④。

西汉的帝王陵墓在营造地及配置方面最显著的特点就是立地选择偏重山岗台地，更注重山岗与河川的位置关系和走向。同时，还照顾到埋葬设施与地形、地势之间的相互关联，强调坟墓与周围自然景观之调和⑤。如秦始皇陵选择在连绵起伏的骊山北侧营造，又称骊山陵。陵墓以版筑方坟为中心，由陵园、祭祀寝殿等组成，坐落在宽阔无际的关中大平原上，北枕渭水，南依连绵骊山做天然屏障，其间还有缓缓东流的自然河川犹如彩带装饰。构成当时帝王陵墓所谓最理想的立地景观。惟西汉文帝霸陵属依山为陵建筑以外，西汉陵墓以汉高祖刘

---

① 郑绍宗、郑滦明：《汉诸侯王陵的营建和葬制》，《文物春秋》2001年2期。
② 谭长生在其《论汉代墓葬的文化特点》一文中，就指出汉代墓葬具有文化面貌的趋同性、文化内涵的写实性和家庭家族关系的紧密性等文化特点，俞伟超《考古学中的汉文化问题》（见俞伟超：《古史的考古学探索》，文物出版社，2002年，180页～189页）则从汉文化分期角度谈到汉代考古学文化的整体发展特点；白云翔《从北京大葆台汉墓论汉代物质文化的统一性与多样性》（见《汉代文明国际学术研讨会论文集》，北京燕山出版社，2009年，56页～67页）以北京大葆台汉墓为例对汉代物质文化的总特征作了分析，并指出原因所在。
③ 俞伟超：《考古学中的汉文化问题》，见《古史的考古学探索》，文物出版社，2002年，180页～189页。
④ 黄晓芬：《汉墓的考古学研究》，岳麓书社，2003年，127页。
⑤ 黄晓芬：《汉墓的考古学研究》，岳麓书社，2003年，127页。

邦和吕后的长陵为首,都选择沿渭水北岸一线配置,并且多营建在面临河川的高原台地上。

西汉时期诸侯王墓亦如此。如徐州市分布的西汉楚王墓,一般都选择在黄河与淮水之间的平原地带的石灰岩低丘陵冈地上。河南省永城县芒砀山一带的梁王墓也同楚墓一样,玄室多选择营建在相对高度100米~200米的石灰岩山峰顶上。又如湖南省长沙市马王堆汉墓、望城坡长沙王室墓、象鼻嘴一号长沙王墓、广州市南越王墓等,坟墓营造地都分别选择当地的自然山冈台地之上,并且坟墓的立地位置多与周围的山川河流相关。

同时,秦汉帝陵和诸侯王陵选址还注重地势高敞。古人埋葬多选择于背山、地势高敞和面向阳光的地方,贵族择茔更要选优取胜[1]。秦汉时期墓葬择地,普遍有"高敞"的要求[2]。文献对此多有记录。如《史记·淮阴侯列传》载曰:"太史公曰:吾如淮阴,淮阴人为余言,韩信虽为布衣时,其志与众异。其母死,贫无以葬,然乃行营高敞地,令其旁可置万家。余视其母冢,良然。"《汉书·陈汤传》记述成帝经营昌陵事:"故陵因天性,据真土,处势高敞,旁近祖考,前又已有十年功绪,宜还复故陵,毋徙民。"《汉书·谷永传》:"今陛下轻夺民财,不爱民力,听邪臣之计,去高敞初陵,捐十年功绪,改作昌陵,反天地之性,因下为高,积土为山,发徒起邑,并治宫馆,大兴徭役,重增赋敛,征发如雨,役百干溪,费疑骊山,靡敝天下,五年不成而后反故,又广盱营表,发人冢墓。"《后汉书·冯衍传》:"先将军(衍曾祖奉世)葬渭陵,哀帝之崩也,营之以为园。于是以新丰之东,鸿门之上,寿安之中,地势高敞,四通广大,南望骊山,北属泾渭,东瞰河华,龙门之阳,三晋之路,遂定茔焉。"

秦汉时期墓葬选址于高敞之地,一是因天地之性,尽自然之宜,

---

[1] 李如森:《汉代丧葬礼俗》,沈阳出版社,2003年,66页。
[2] 王子今:《秦汉时期生态环境研究》,北京大学出版社,2007年,87页。

即有学者强调的,"高敞"的追求,原本自有实用的意义,其出发点,可能首先在于防水以保证墓主及地下居室和用物的安全①。二是离不开秦汉时期墓葬文化的影响,如有学者提出汉代择茔方式:一是看风水;二是相墓;三是择吉定茔②。还有学者明确认为,汉墓的立地选择以及地下埋葬空间的配置和变迁等都深受汉代社会思想信仰的影响而发展变化的③。

对于秦汉王陵分布特点,从最东的文帝霸陵到最西的武帝茂陵,绵延50余公里,中间分布着许多县邑和功臣、贵戚、富商大贾的墓地,已不是一个集中的陵墓区,表明西周以来的"公墓"制度已经遭到破坏。这对当时诸侯王陵区的形成有很大影响。如诸侯王陵分布,大多在本国首府附近的高地或丘陵山阜之上,交通方便,一般距王宫所在地(首府)数里或数十里,没有超过一日路程的,其目的很显然是为了便于祭祀④,只是选择在首府的哪一方向似无定制⑤。如果王城所在地无山冈,则选择在高亢的坡地上营建⑥。

总的来说,"西汉时诸侯国王陵的分布既有集中也有分散,以分散为主,尚未出现将诸侯王陵集中起来统一分布的制度性要求,各诸侯国不同代诸侯王陵的分布总体较为零乱,并没有形成紧密的追随或依附关系,因此也就不会存在所谓的昭穆排序";"在距离方面,诸侯王陵基本都位于该国都城的周边,陵墓和都城之间的距离一般不大,但也有一些诸侯王陵墓距离其国都城则较远。"⑦

---

① 王子今:《秦汉时期生态环境研究》,北京大学出版社,2007年,84页、89页。
② 李如森:《汉代丧葬礼俗》,沈阳出版社,2003年,66页~67页。
③ 黄晓芬:《汉墓的考古学研究》,岳麓书社,2003年,129页。
④ 对此,有学者提出了疑义,认为西汉诸侯王陵位置的选择与"上陵"礼无关,参见刘瑞、刘涛:《西汉诸侯王陵墓制度研究》,中国社会科学出版社,2010年,433页。
⑤ 郑绍宗、郑滦明:《汉诸侯王陵的营建和葬制》,《文物春秋》2001年2期。
⑥ 黄展岳:《汉代诸侯王墓论述》,《考古学报》1998年1期。
⑦ 刘瑞、刘涛:《西汉诸侯王陵墓制度研究》,中国社会科学出版社,2010年,427页~437页。

我们再看燕（广阳）王（后）陵的选址与分布情况。其一，燕王刘旦戾陵，在今石景山一带，老山汉墓，在今石景山地区老山南麓，二者均位于蓟城之西偏北[①]；燕灵王刘建及另一座燕王墓（可能为燕康王刘嘉），在蓟城东南；大葆台汉墓则在蓟城西南。这说明，燕王（广阳王）陵并不都在同一陵区，方位也不完全一致。这与西汉诸侯王陵墓分布的整体情况相一致。其二，从《水经注》所载戾陵的地理环境来看，刘旦戾陵选址南望㶟水（即永定河），背依梁山（石景山）；老山汉墓，临永定河，背依老山，这说明它们符合一般意义上帝王陵墓对山水格局的基本要求。而燕灵王刘建及燕康王刘嘉之陵墓，则既无高山，也无临河；大葆台汉墓同样如此。虽然这不符合帝王陵墓对山水格局的基本要求，但他们与一些诸侯王陵墓选址于丘陵或高台之上，是一致的，且体现了王陵"高敞"的选址要求。

大葆台汉墓所在地属于丰台区西南隅，当时蓟城的西南郊缘。史书记载，"丰宜门外，西南行四五里，有乡曰宜迁。地偏而嚣远，土腴而气淑。郊丘带乎左，横冈亘其前。中得井地三九之一，卜筑耕稼，植花木，凿池沼，覆黄池旁，架屋台上，隶其榜曰远风，以为岁时宾客宴游之所者……顾瞻河山形势，在北则近连圻甸，南则远际河朔，东控海门碣石之雄，西眺太行桑乾之胜。千里一瞬，略无限隔。"[②]这一冈丘，确实具有"高敞"的气势。朱彝尊之子朱昆田曾提出："今之丰台，疑即远风台之遗址。"[③]远风台在金中都时代的丰宜门西南四五里，大约相当于今玉泉营以西、郑王坟到于家胡同一带[④]。大葆

[①] 关于西汉蓟城的位置，目前学术界比较认同宣武门至广安门一带之推测，笔者也倾向于这一认识。具体有关早期蓟城城址的讨论综述，可参见陈平：《燕文化》，文物出版社，2006年，141页~144页。

[②] （元）王恽：《远风台记》，见《秋涧集》卷四〇《远风台记》，据《全元文》本校核，江苏古籍出版社，1999年。

[③] 《日下旧闻考》卷九〇《郊坰》。

[④] 孙冬虎：《北京地名发展史》，北京燕山出版社，2010年，234页。

台两座汉墓之间,曾发现一座金代遗址。据《析津志》载,"葆台在南城之南,去城三十里,故老相传。明昌时李妃避暑之台,无碑志,有寺甚壮丽,乃故京药师院之支院也。"[1]明昌为金章宗完颜璟的年号,此遗址可能为李妃避暑之台。如果属实的话,这更加说明了这一地区地理环境的适宜性。

此外,据有关人员测量,大葆台汉墓所在位置,大致海拔在51米~55米[2]。这与一些西汉诸侯王陵墓的选址基本一致。如西汉某代长沙王的长沙象鼻嘴一号墓修建在"一座高出湘江水平面约40多米、自然形成的椭圆形山头"上[3],徐州北洞山西汉楚王墓则依山开凿在"一座海拔54米的石灰岩小山上"[4],徐州狮子山西汉楚王墓位于狮子山主峰南坡,为一座东西走向的小山包,海拔62.15米[5]。

上述说明,大葆台的地理环境,符合西汉诸侯王陵墓选址于台地、丘陵之上的要求,也体现出帝陵及诸侯王陵"高敞"的要求。大葆台汉墓与刘旦戾陵、老山汉墓以及燕灵王墓等,在陵墓各自选址和总体分布上与西汉诸侯王陵选址与分布的总特征,还是一致的,并不像他人所言有其独特性[6]。

---

[1] 《日下旧闻考》卷九〇《郊坰》引。
[2] 参考《大葆台西汉木椁墓发掘简报》中的等高线图。
[3] 湖南省博物馆:《长沙象鼻嘴一号西汉墓》,《考古学报》1981年1期。
[4] 徐州博物馆、南京大学历史系考古专业:《徐州北洞山西汉墓发掘简报》,《文物》1988年2期。
[5] 王恺、邱永生:《徐州狮子山楚王陵发掘简报》,《文物》1998年8期。
[6] 赵妍:《大葆台汉墓选址研究》(《首都师范大学学报》2010年2期),首篇专文论述大葆台汉墓的选址问题,本文颇受其启示。不过,有一些论述值得商榷,如作者提出"刘旦及其子孙,他们的墓葬位置同在蓟城之西,说明燕王和广阳王在墓葬选址时聚族而葬是一个基本原则",显然这与西汉帝陵及诸侯王陵的分布特征是相悖的,也不符合燕王墓的整体分布特征。

第二章
大葆台西汉墓墓葬布局与结构的重新考察

  目前为止,北京地区缺少大型汉文化遗址、墓葬的发现。迄今北京地区,级别最高、规模最大的汉代考古发现,就是大葆台西汉墓(一、二号墓)和老山汉墓了[①]。因老山汉墓有关资料尚未公布,故暂只能对大葆台一号墓(二号墓因焚烧几无留存)进行较为全面的叙述与深入研究了。

  北京大葆台汉墓,尽管出土文物并不很丰富,但其保存较好的墓葬形制,是这项考古的一大发现和重要价值所在。文献所记载的西汉帝王陵墓埋葬形制,称为"黄肠题凑"。鉴于目前这些帝王陵尚未正式发掘,故难以看到这一葬制的真正文化面貌。而保存较完整的大葆台一号汉墓墓葬形制,经考古观察和文献阐释,考古人员确认其即为黄肠题凑葬制类型。虽在规模或结构以及华丽程度上,大葆台一号墓

---

① 关于这三座墓发现与发掘的详尽过程,可参考马希桂:《"黄肠题凑"露真容——大葆台汉墓发掘追记》(《中国文物报》1995年1月15日、2月26日、4月2日、4月9日)、李欣:《老山汉墓考古发掘全景纪实》(中国青年出版社,2001年),以及一些相关报道。在此将不再赘述。

可能与帝王陵墓形制有所差别,但黄肠题凑墓葬形制的基本要素应是一致的。这样,大葆台西汉墓的发现、发掘,首次从实物意义上为我们认识西汉帝陵葬制提供了重要参考,也为我们进一步认识西汉诸侯王陵墓葬制度和丧葬习俗增加了实例。

正因大葆台汉墓是我国黄肠题凑墓葬的首次发现与发掘,没有同类考古成果可以借鉴,完全是边发掘,边分析,边研究,开始时连形制都未知,更何况具体结构与布局。再加上2000多年的历史冲刷,墓室已经坍塌,部分遭到盗墓者的严重破坏,特别是二号墓毁于大火,仅留遗存痕迹。当时发掘人员在整理有关发掘资料时,非常艰难,能出迄今为止仍为黄肠题凑墓葬唯一一部发掘报告,实属不易。当然,正因为存在这么多的条件限制,故使得当时报告对整个墓葬(主要是一号墓)布局和结构的结论性描述,出现一些不完善的内容,甚至有一些叙述前后不一致或矛盾。

目前我国已发现发掘了十多座黄肠题凑墓葬,大部分保存完好,一部分已有发掘简报发表,这使得我们有条件对大葆台汉墓的整体布局和结构重新分析,以便更好地认识西汉黄肠题凑墓葬形制。这方面,已有学者作过初步探讨[①],这对我们深入分析有重要启示意义。

一、墓坑与墓室

大葆台西汉墓,先后共发现发掘两座墓,即一号墓和二号墓。两墓东西并列,相距26.5米。一号墓在东,二号墓在西,封土相连成一个东西近100米、南北80米的高大土丘(图版一,1),属夫妻并穴合葬墓。从横断面观察,二号墓压在一号墓之上。

---

① 黄展岳:《重温〈北京大葆台汉墓〉》,见《汉代文明国际学术研讨会论文集》,北京燕山出版社,2009年。

一号墓，虽在早期遭到盗扰，一小部分被焚毁，但整体结构基本清楚（图版一，2），尤其是黄肠题凑木墙保存较完整。二号墓不但被盗掘，而且还被大火严重焚毁，其结构基本不存，仅根据遗留痕迹判断，其整体结构与一号墓基本相同，只是规模略小。现只能就一号墓整体布局与结构进行讨论。

一号墓为大型竖穴土坑木椁墓，坐北朝南，平面呈"中"字形。报告称其平面呈"凸"字形，是不确切的。

综观已发现发掘的黄肠题凑墓葬，从大的类型来讲，主要有两种：(1) 竖穴土坑木椁墓，如大葆台汉墓、双墩一号汉墓、河北小沿村汉墓、河北定县40号汉墓；(2) 竖穴岩坑木椁墓，如老山汉墓、长沙陡壁山汉墓、长沙象鼻嘴汉墓、长沙望城坡古坟垸汉墓、长沙风篷岭汉墓和高邮天山汉墓。如果从墓葬平面形状来划分，这些"黄肠题凑"墓葬又可分为三种：(1) "中"字形，如北京大葆台汉墓[①]、河北小沿村汉墓、安徽双墩一号汉墓以及湖南望城风篷岭汉墓，前三座墓都有两条墓道，或南北对应，或东西对应；而风篷岭汉墓则仅有北墓道一条，但其墓坑呈"凸"字形，即位于南端的棺室单独向南延伸，故报告也称其为"中"字形；(2) "甲"字形，如湖南望城坡西汉渔阳墓、长沙象鼻嘴一号西汉墓、长沙咸家湖曹嬛墓，他们都有一条位于墓坑西壁正中的斜坡墓道，墓坑平面呈长方形，但在其发掘简报中，渔阳墓为"甲"字形，而象鼻嘴汉墓为长方形，曹嬛墓没有明确。现应把这些墓葬统一为"甲"字形；(3) "凸"字形，就目前已公布发掘资料的黄肠题凑墓葬中，只有河北定县40号汉墓为此形状，有一条斜坡墓道，由墓道到前室再到后室，面积不断扩大，故可看作"凸"字形。至于江苏高邮天山汉墓和北京老山汉墓，因无详尽资料发表，暂不好确认其形状，不过从相关报道来看，他们只有一条墓道，可看作"甲"字形。

---

① 单先进先生就认为大葆台一号墓平面呈"中"字形，见单先进：《西汉"黄肠题凑"葬制初探》，《中国考古学会第三次年会论文集》，文物出版社，1984年。

第二章 大葆台西汉墓墓葬布局与结构的重新考察

大葆台一号墓有南北两条斜坡墓道,其中南墓道为主墓道,北墓道系造墓时为运料和出入方便而设,用毕封固。南墓道又可分为南北两段:南段呈斜坡状,残长17.3米;北段长16.7米,底与墓室齐平,其上放置彩漆朱轮车3辆,殉马13匹。这说明大葆台一号墓墓道功能发生了变化,成为一车马库。同时也说明,大葆台一号墓不仅有陪葬坑[①],且不完全在墓室外,墓室内也有,即墓道内的车马库。

从二号墓保存较完整的墓道木结构残痕来看,该墓南墓道北段,夯土墓底上铺垫白膏泥和木炭,木炭上再铺南北向垫木和铺地板,墓道东西两壁用扁平立木拼成木制板壁,立木与立木之间用错口搭扣的办法相连接。墓道顶部是用木板铺设。鉴于两墓布局和结构基本相似,故这可看作对一号墓墓道的一种补充说明。

六安双墩一号汉墓,也有东西两条墓道,东墓道为斜坡式,底与题凑底板平面一致,西墓道也为斜坡式,而底却与题凑盖板的板面同高,从而造成东西墓道的底部高度相差3.5米,这一点不同于大葆台一号墓北墓道。同时,其他一些黄肠题凑墓葬的墓道多为台阶式斜坡墓道,有的还为多层台阶。特别是长沙地区的四座黄肠题凑墓,其墓道不仅有台阶,而且还发现有偶人一对,有的已朽塌,有的保存完

[①] 大葆台一号汉墓中,在距离封土顶深1米的夯土中,发现20多个汉代夹砂红陶罐,有些罐的外壁或内壁均有烟熏痕迹,深腹,圜底。从器物堆放情况看,并非乱扔到封土中的,而是有意识堆放在一起。当时有关发掘人员认为这是当时造墓者使用的器物。然而,有学者根据洛庄汉墓的发掘资料,认为大葆台汉墓这些陶罐应位于与洛庄汉墓上层或中层坑一类的陪葬坑内。(参见刘瑞、刘涛:《西汉诸侯王陵墓制度研究》,397页。)这在西汉"黄肠题凑"墓葬中较为特殊。长沙望城坡西汉渔阳墓,在其东、西、南三面各有一个陪葬坑。安徽六安双墩一号汉墓,封土西南一侧有一座车马坑,东墓道南北两侧还分布对称的两座陪葬坑。只有江苏高邮天山一号汉墓与大葆台一号墓一样,在其黄肠题凑木墙南壁到墓道尽端处设置车马库,但又无大葆台封土层坑的陪葬坑。

好[①]。对此，高崇文先生指出，虽然长沙汉墓所出偶人不完全与楚墓中的镇墓兽相似，但从头插鹿角，用以镇墓避邪的特点看，与镇墓兽应属同一性质的东西，是楚人葬俗的又一反映[②]。单先进先生对此也有相同的看法，并认为长沙的两座"题凑"墓采用"凸"字形带斜坡墓道的岩坑竖穴墓，墓道底旁并立偶人一对，外棺盖作弧形等，似乎承袭着楚墓的特点；燕王墓（指大葆台汉墓）墓坑作"中"字形，棺作长方形，却又具有商代殷王"中"字形墓坑的特色，造成这样差异的原因，可能与西汉时期并未制定严格的葬制，墓葬所在地域及其自然条件，以及汉初政治不稳定等因素有关[③]。

大葆台一号墓，墓口大于墓底，墓口南北长26.8米，东西宽21.2米；墓底南北长23.2米，东西宽18米。墓底距墓口深4.7米。就已公布的资料来看，这是目前发现、发掘黄肠题凑墓葬中规模较大的一座[④]。其他同类墓葬，墓坑一般长11米～17米，宽9米～15米。

[①] 虽然望城风篷岭汉墓中没有提到在墓道中发现"偶人"遗存，但发掘《简报》在叙述墓道时曾提到："在第三级台阶至墓道下端有两道与墓道方向一致的平行沟槽，各长约6.1、宽约0.6、深0.1米～0.7米，相距0.65米"，并推测其与当时向墓坑内运送棺椁等葬具材料或建造墓葬时拟搭建某一木构建筑有关。笔者认为，根据同一地区出土情况，推测该墓也应置有偶人，可能这一对平行沟槽之处即为放置"偶人"的对立空间。马王堆一、三号墓也置有偶人。象鼻嘴一号汉墓与咸家湖西汉曹𢵧墓中的"偶人"，均已朽塌，形象不明。但之后发掘的望城坡西汉渔阳墓，出土一对偶人，保存很好，形象显明，全木制，二人相对跽坐在竹箦上，头顶部有两个方孔，用来安装鹿角，发掘时鹿角已经跌落至座下。（参见湖南省博物馆：《长沙象鼻嘴一号西汉墓》，《考古学报》1981年1期；长沙市文化局文物组：《长沙咸家湖西汉曹𢵧墓》，《文物》1979年3期；长沙市文物考古研究所、长沙简牍博物馆：《湖南长沙望城坡西汉渔阳墓发掘简报》，《文物》2010年4期；长沙市文物考古研究所、望城县文物管理局：《湖南望城风篷岭汉墓发掘简报》，《文物》2007年12期。）

[②] 参见高崇文：《西汉长沙王墓和南越王墓葬制初探》，见《考古》1988年4期。

[③] 单先进：《西汉"黄肠题凑"葬制初探》，见《中国考古学会第三次年会论文集》，文物出版社，1984年。

[④] 据相关媒体报道，新近发掘的山东菏泽定陶汉墓，其形制也为"黄肠题凑"墓，而且被相关考古专家称为在全国已发现的十余座此类墓葬中，规格最高、保存最好、体量最大。

大葆台一号墓，整体构筑是这样的：先挖一个深4.7米的斗状长方坑，然后在底部依次铺垫白膏泥和木炭，木炭上置垫木和铺地板，再于其上紧贴坑边处竖扁平立木一周为壁，立木外侧与坑之间空隙处填土夯实，以使砂性土质的墓壁保持坚固。最上以圆木和方木为顶。整个木结构外层用木炭，顶部和底部并用白膏泥封固，成为一个规模庞大、结构复杂的木结构地下宫殿。木炭与白膏泥的功能，主要是防潮吸水，保护墓室，免遭侵蚀。以木炭和白膏泥或青膏泥来保护墓室，防自然因素破坏，这在汉墓中较为多见。同时，因墓地土质含沙量较大，大葆台一号墓墓室四壁都做成斜坡状，以防坍塌。

二、过道、外回廊与题凑

大葆台一号墓墓室（图一），在墓道北侧，平面呈长方形，长23米、宽18.3米，包括过道、外回廊、题凑、前室、内回廊和后室等部分。

报告称前室通墓道（车马库）的地段为甬道，平面几成方形，东西宽4.3米、南北长3.6米，东西两面通向外回廊。而有专家对此提出疑义，认为甬道一般指有顶盖（平顶或穹窿顶）的阴暗短道，再由报告平面复原图显示，前室南边是题凑木墙的豁口，穿过豁口是两层外回廊出入口，说明这是暂时留出的过道，等前室祭奠拜谒礼仪完毕后，被暂时留为过道的题凑木墙豁口和外回廊出入口都要封闭，暂时过道消失[1]。其实，在长沙象鼻嘴一号汉墓中，也存有类似过道，即在墓道下口处，连通墓道和前室（即从墓道最东端至题凑木墙南段、外椁房南壁，与大葆台稍有不同，但整体上是一致的），呈长方形，出土时，通道内塞满枋木，其结构由底板木、墙板和填塞题凑木构成，

---

[1] 黄展岳：《重温〈北京大葆台汉墓〉》，见《汉代文明国际学术研讨会论文集》，北京燕山出版社，2009年。

大葆台西汉墓研究

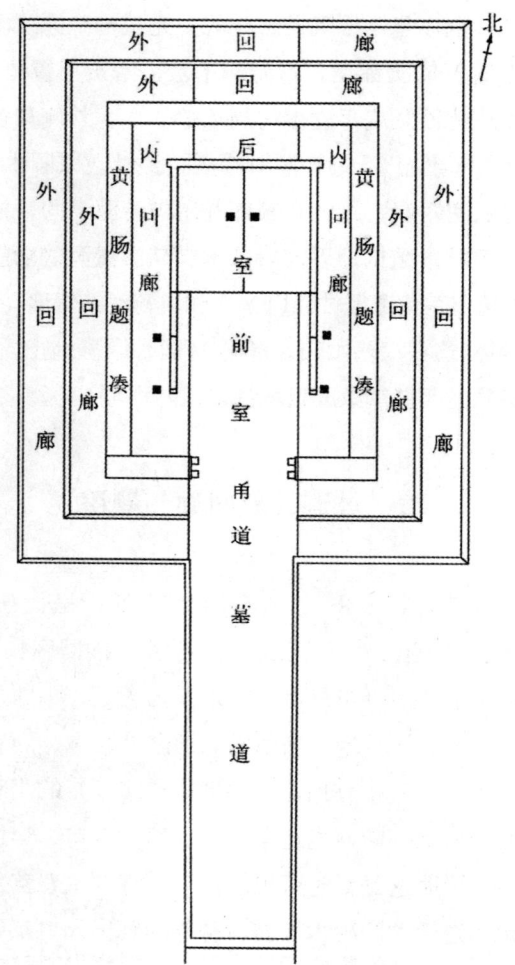

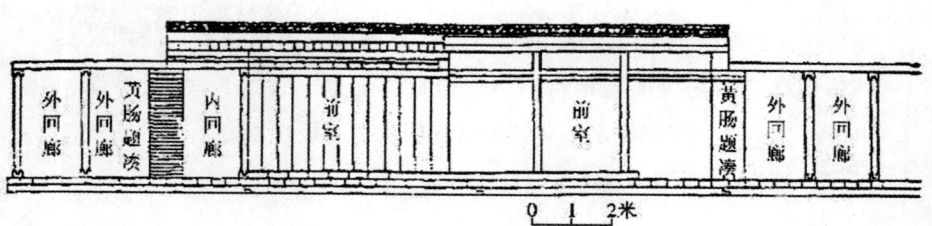

图一 大葆台一号墓平剖面图
（采自《北京大葆台汉墓》）

全长 3.75 米、宽 5 米。再者,老山汉墓的过道完全用题凑木填塞,这也印证了这一通道仅为进入墓葬而设,用毕即封堵上。这些均说明其为暂时过道的特征。这种通道可能在汉初,还无严格的规定,发展到东汉时期的大型砖室墓,通道便成甬道了[①]。

紧贴墓室坑边竖扁平立木一周为壁,再往里又为一排腐朽的扁平立木,呈"回"字形,大部分已向外倾倒。继续往里,便是题凑木墙了。坑壁立木与题凑木墙之间的"回"字形空间建筑,报告称其为"外回廊"。外回廊正中的这层扁平残立木,说明外回廊是被一道隔板分成相等的两层,构成双层外回廊,每层均宽 1.6 米。两层外回廊之间互不相通,只有从过道两侧通过回廊门[②],才能分别进入各层回廊。立木两侧面都有错口,底有长方形榫,插在铺地板上地栿的卯眼里,显得很稳固。地栿与铺地板之间,也用方形暗榫加以固定。由于地基松软和立木承受顶部压力,使支撑立木的地栿有明显下沉现象。另因所受腐蚀程度不同,四面外回廊所残存立木多寡亦不相同。立木残高 40 厘米～220 厘米不等,保存最高最好的一条为高 220 厘米、宽 24 厘米、厚 18 厘米。整个外回廊四面通长 75.6 米,总宽 3.6 米,复原高 3 米。黄展岳先生曾把这双层外回廊称为两层椁房,即外椁房和中椁房。也有的学者称其为两具外藏椁。关于这些称谓问题,待下文谈及相关问题时再作分析。

题凑木墙与墓壁之间的空间关系,在目前发现发掘的黄肠题凑墓葬中主要有两种,一种是像大葆台一号墓,题凑木墙与墓壁之间形成回廊结构;另一种则是题凑木墙与墓壁之间以沙石等材料填塞,无空

---

① 湖南省博物馆:《长沙象鼻嘴一号西汉墓》,《考古学报》1981年1期。
② 考古人员发掘时发现,在过道西部南北两端,分别放置残门板两块,其中北端一块长 166厘米、宽16厘米、厚10厘米。板上有3条穿带孔,孔长10厘米,宽4厘米。板两侧面有错口,为板与板拼合之咬口。他们认为,此板似应为外回廊西门板中的一块。外回廊设门的做法,与高邮天山汉墓的做法相同。

间结构[①]。有回廊结构的，除了大葆台一号墓之外，还有六安双墩一号汉墓、老山汉墓、天山一号汉墓。老山汉墓、天山一号汉墓，与大葆台一号墓一样，其外回廊无隔房，但它们外回廊无隔层，这一点又与大葆台一号墓稍有不同。而六安双墩一号汉墓的外回廊，则分为15个室，东南北三面各为4个室，西面3个室，每室长短不等，长度在1米～4米[②]。其他几座黄肠题凑墓均无外回廊。

大葆台一号墓外回廊内侧有一圈木墙，是用长条枋木，头向内，层层垒砌而成，平面呈长方形，南壁正中辟门，使过道与前室相连。从残留痕迹分析，此门可能是双扇对开。经江西省木材工业研究所鉴定，这些枋木均为柏木，且多为柏木心。这与三国魏人苏林对《汉书·霍光传》中黄肠题凑的注释是一致的，即"以柏木黄心致累棺外，故曰'黄肠'。木头皆向内，故曰'题凑'"。因此，这圈木墙即为文献记载的西汉黄肠题凑葬具。它的意义在于首次从实物层面向世人展示了黄肠题凑这一西汉高级丧葬礼制。

发掘时，题凑木大多已向外倾倒，黄肠木也多腐朽，但整体结构存在。在南面西侧（门西侧）的题凑，残留黄肠木24层，每层34根，高2.10米。南面东侧（门东侧）的题凑，残留黄肠木27层，每层也为34根，高2.52米。北面题凑仅存黄肠木15层，每层108根。靠近盗洞的西北角，题凑向东北移动较大，并有数根已被移开原位。而且西头靠外侧的黄肠木被火烧过，不少黄肠木已烧成炭状。东面题凑倒塌最为严重，其中北头黄肠木几乎大部分倒至外回廊内。西面题凑每层黄肠木160根，其中南段大部倒塌，中段题凑顶部被焚，留有烧毁之黄肠木和板木痕，北段保存最好，有黄肠木27层，高2.67米。经考古人员测量，整个题凑外周南北长15.7米、宽10.8米，内周南

[①] 如望城坡西汉渔阳墓、咸家湖西汉曹㛃墓、象鼻嘴一号西汉墓、天山二号墓等。
[②] 安徽省文物考古研究所、安徽省六安市文物局：《安徽六安双墩一号汉墓发掘简报》，见安徽省文物考古研究所、安徽省考古学会编《文物研究》第十七辑，科学出版社，2010年。

北长 13.9 米、宽 8.9 米，保存最高处约为 2.7 米（图版二，1～3；图版三，1～2）。

题凑木，坚硬如新，呈棕褐色，有些表层还留有一层蛋黄色树脂油。这些黄肠木，一般长 90 厘米、宽厚各 10 厘米。但亦有少量黄肠木规格不一者，最宽者达 26 厘米，最窄者仅 6 厘米；最厚者达 31.5 厘米，最薄者仅 6 厘米。另外，黄肠木的开料，一般比较规整平直，表面打磨都比较光滑。有些大黄肠木内向一端的平面上，留有清晰的"十"字墨线。标好线的这些大黄肠木或扁黄肠木，原来都准备开成 10 厘米×10 厘米宽厚的黄肠木，后因某种原因，标线后未开就垒在题凑中了。在题凑中也发现原为它用的材料，改做黄肠木用。这或许是因墓葬用柏木枋太多，自然生长的木材又不够，只好征集人们生活所用之柏木枋来充当题凑木。整个题凑所用的黄肠木，按现有高度推算，约 14000 块，合成材约 122 平方米。

题凑所用黄肠木是一层层垒砌起来的，黄肠木的大小，似乎并无一定排列秩序，仅在西面北段，发现最下是以大黄肠木做底，最上也用大黄肠木，起压住小黄肠木的作用。但就整个题凑结构而言，仍是大小、扁方穿插排列垒成的。从题凑顶部残留块木痕迹看，可能顶部两端各有一压边木用以固定。垒砌黄肠木时，如出现短边缺角高低不稳时，则采用加垫薄木片、木条或木屑的办法，使题凑尽量保持平稳、牢固和整齐。尽管如此，因各层之间无榫卯固定，为单摆浮搁，且两个方向不同的题凑相接处，也没有发现用任何榫卯或其他加固的东西予以固定，只是东西两端，紧紧顶挤着题凑的南北两端。这就使题凑显得极不稳固。由于结构上处理简单，题凑外侧又是空旷的外回廊，因此，一旦发生地基下沉、墓顶坍塌或地震等情况，题凑就易向外倾倒，造成发掘时的这种状况。

在题凑的加固处理上，其他一些黄肠题凑墓要比大葆台一号汉墓处理得好。如江苏高邮天山一号汉墓，题凑四面启口高低错落有序，全部用榫卯相连，在发掘时，四面题凑笔直整齐地立在墓室中。安徽六安双墩一号汉墓，整个题凑保存完整，用料考究，规格统一，缝隙严密，十分坚固，且题凑上顶盖板和底板，均是用方形木料南北铺设，共计4层（彩版一，1）。

三、内回廊、前室与后室

对大葆台一号墓布局最有疑义的为前室、后室和内回廊。如关于前室，报告叙述较为简略：

前室，位于题凑内，后室、内回廊之南部，南面有门与甬道相通。南北长7米，东西宽8.95米，复原高为3.95米。

对后室描述，其结论为：

后室，位于内回廊内前室之北侧，东、西、北三面用大扁平立木围成的一个棺室。长、宽各为5.4米，复原高3.3米。

至于内回廊，是这样记述的：

内回廊，位于"题凑"内前室之北部，环绕后室（棺室）东、西、北三面。南面两端与前室相通。三面通长约23米，宽1.6米，复原高2.95米。

黄展岳先生对此存在的问题早已有所指出，1998年，他在《汉代诸侯王墓论述》一长文中就认为：

广阳墓则是先在墓地四周隔出两层椁房（实即两层外回廊），然后在椁房内侧垒筑题凑木墙，再在木墙内构筑内椁房和棺房。棺房内置三套棺。棺房门前至木墙南壁置前室。前室和棺房的地面加铺一层枋木板，高出周边椁室20厘米，表示这是置棺和祭奠礼仪所在。前室的前、后、左、右应各有一门。前门设在题凑木南墙中间，前有过道通车马库；后门通棺房；左右两侧门通内椁房。发掘报告和博物馆的复原墓室都把内椁房的前半部当作前室，没有把前室作为棺房的一部分，没有标出过道通车马库和通往两层外椁房的门道。今据发掘报告平面图改作图二，供研究参考。①

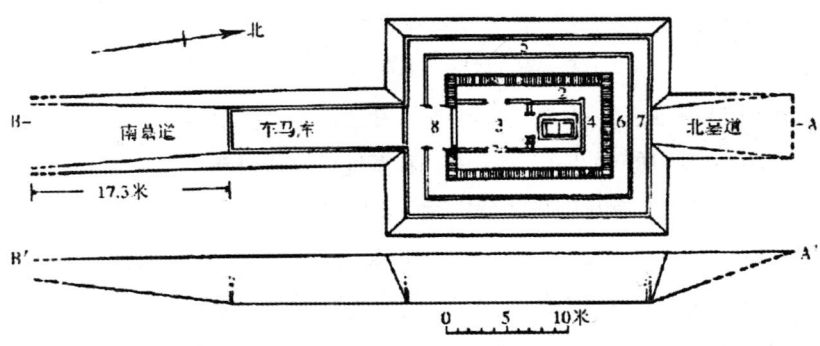

图二 北京大葆台一号墓（广阳顷王刘建墓）平、剖面图
1. 棺椁 2. 棺房 3. 前室 4. 内椁房
5. 黄肠题凑 6. 中椁房 7. 外椁房 8. 过道
（采自黄展岳《汉代诸侯王墓论述》）

---

① 黄展岳：《汉代诸侯王墓论述》，《考古学报》1998年1期。

2008年，他重申了这一认识，并作了补充：

原报告的方形后室应改为南北长（7.4米）、东西窄（5.4米）的长方形，在南壁还要设两扇门。前室在后室前面（南），与后室等宽，东西两侧各有一条南北向的地栿。地栿上立置木板，构成前室的东西两壁。东西壁板上各设一双扇门，通内回廊。①

从这些分析来看，黄先生提出了与报告不同的三点认识：(1) 前室在后室南部，与后室等宽（5.4米），前、后、左、右各有一门。作者虽然对前室的长度没有明确，但从其描述来看，前室东西两侧应延伸至题凑木墙南壁。(2) 后室应为南北长7.4、东西宽5.4米的长方形，南壁开设一双扇门。所谓的"7.4米"，就是把棺床外侧地栿向南延伸2米。(3) 内回廊即围绕后室与前室东、西、北三面而形成的贯通空间，东西两面有门通向前室。至于内回廊宽度，文中并未明确。

其实，报告有几处描述值得我们注意和重视：

(1) 其中西面内回廊中，有一块高260厘米，宽40厘米，厚20厘米，是大扁平立木中最完整的一块。它两侧面都有错口，底有榫，长10厘米，宽16厘米，厚6厘米。榫插在棺床外侧地栿的卯眼里，清理时一些榫还插在里面。地栿长540厘米，宽25厘米，厚20厘米。地栿与铺地板之间用方形暗梢子固定。

(2) （棺床）是由10行20条大扁平木拼成，用材为油松。扁平条木长268厘米，宽55厘米，厚20厘米。南面第一条扁平木下的铺地板上，有一长9厘米，宽8厘米，厚2厘米的扁形榫，它是插在扁平条木上的卯眼里，用以稳固棺床。棺床其他三面，则用大扁平立木下的地栿予以围固。

---

① 黄展岳：《重温〈北京大葆台汉墓〉》，见《汉代文明国际学术研讨会论文集》，北京燕山出版社，2009年。

(3) 在东西各距题凑内壁 1.64 米处的地板上，各有 1 排方眼，每排 3 个。西面的 1 排方眼，长、宽均为 8 厘米，深 7 厘米～8 厘米，每眼间距均不相同。如自北向南数，1 眼与 2 眼相距 1.70 米，2 眼与 3 眼相距 2.10 米，3 眼距题凑南壁 2.90 米。眼上有 1 条南北向条木重压的痕迹，长约 420 厘米，宽 24 厘米。它的北端与棺床外侧的地栿相接。由此可知，在前室的东西两侧，各有一条南北向的地栿，其位置恰在棺床外侧地栿的延长线上，形式同于棺床外侧地栿。

(4) 棺椁共分五层，为 2 椁 3 棺，位于后室棺床正中处。外椁与内回廊木墙之间，有一个三面贯通的空间，宽 90 厘米。外椁，长 508 厘米，宽 344 厘米，板厚 24 厘米，复原高 270 厘米。

(5) 题凑外周南北长 15.7 米，宽 10.8 米，内周南北长 13.9 米，宽 8.9 米，保存最高处约为 2.7 米。

从这些描述来看：

(1) 棺床应为 5.4 米 ×5.4 米的正方形。依据有二，一是棺床外侧（西面）地栿长 5.4 米；二是棺床是由 10 行 20 条大扁平木组成，每条扁平木长 2.68 米，宽 0.55 米。这样推算，棺床为东西宽约 5.36 米、南北长约 5.5 米，二者基本一致，报告所言棺床为 5.4 米 ×5.4 米的正方形可以成立。但说后室长、宽同于棺床，其依据何在，报告没有交代。从整个描述来看，实际上后室与棺床的大小不是等同的，即后室并非也为"5.4 米 ×5.4 米"的正方形。报告正是基于后室与棺床长、宽等同这一非事实判断，得出一些前后不一致或矛盾的认识。

在分析此问题之前，我们必须弄清后室问题。报告对后室描述较为简略，只是说其东、西、北三面用大扁平立木围成的一个棺室，上置有一方形棺床，但对这些大扁平立木情况未作介绍，这就使得我们对其具体位置与空间结构不甚清楚。不过从报告对内回廊的描述中，我们可找到一些相关信息。报告言，内回廊外侧为题凑，内侧是用大扁平立木组成的木结构板墙，且棺床外侧的地栿上插的是内回廊扁平立木底部的榫，这说明后室墙板的大扁平立木与内回廊扁平立木在棺床外侧是同一内容，因此内回廊墙板东、西、北围成的空间即为后室。又报告言外椁与内回廊木墙之间有一个三面贯通的空间，宽90厘米，这说明外椁与后室之间是有回廊空间的。

如果后室南北长5.4米，东西宽也为5.4米，又外椁南北长5.08米，东西宽3.44米,那么外椁东西壁距后室东西墙板各为(5.4-3.44)/2=0.98米，这与报告所言外椁距内回廊木墙（后室壁板）90厘米基本一致，但外椁南北两壁距后室南北墙板仅各为（5.4-5.08）/2=0.16米，显然东西间距与南北间距差别太悬殊，又0.16米的空间显得过于狭窄，这都不合情理。因此，后室东西宽5.4米，或许是正确的，但其南北长5.4米，显然不对。故报告所言的后室与棺床长、宽完全等同的认识，无法成立。

（2）既然棺床外侧的这条地栿线上立置的木板即为报告所言内回廊的壁板，又前室东西两侧的地栿为棺床外侧地栿的延长线，前室东西两侧地栿线各距题凑内壁1.64米（这与报告所言内回廊宽1.6米基本一致，故这两项数据均可采用），又题凑内周东西宽8.9米，这样后室东西宽应为8.9－1.6×2＝5.70米，也即前室东西宽。那么外椁距内回廊木墙（即后室墙板）东西间距各为（5.70-3.44）/2=1.13米，这与报告所言的90厘米，相差23厘米。或许90厘米指的是南北间距，113厘米指的是东西间距。

（3）如果90厘米指的是南北间距，113厘米指的是东西间距，又外椁南北长5.08米，那么后室南北长为0.9×2＋5.08＝6.88米。又棺床南北长5.4米，外椁南北长5.08米，外椁南北两端距棺床南北两端各为（5.4－5.08）/2＝0.16米，这样棺床北端距后室北壁为0.9－0.16＝0.74米。

（4）既然棺床北端距后室北壁0.74米，又棺床南北长5.4米，那么后室北壁至棺床南端距离为5.4＋0.74＝6.14米。又棺床南端距题凑南壁为 1.70(1 眼距 2 眼)+2.10（2 眼距 3 眼）+2.90（3 眼距题凑南壁）=6.70 米。这样，后室北壁至题凑南壁为 6.14+6.70＝12.84 米。又题凑内周南北长 13.9 米，那么后室北壁距题凑北壁为 13.9−12.84=1.06 米，这说明报告所言的内回廊宽 1.6 米，可能指的是东西两面宽度，而非南北两面。南北两面宽度为 1.06 米。

（5）由内回廊东西两面宽均为 1.6 米，可以推测内回廊南北两面宽也均等，即各为 1.06 米。又后室南北长 6.88 米，题凑内周南北长 13.9 米，那么前室南北长为 13.9−1.06×2−6.88=4.9 米。

上述分析仍按原发掘报告，把内回廊南面东西两端各向内伸进，回廊门设在前室南端东西两侧，也即前室设南北两门，北门同后室，南门通内回廊。

而黄先生经过重新考察报告，提出前室两侧一直延伸至题凑南壁。笔者也同意这一认识，并作补充论证如下：

综观老山汉墓的整个布局与结构[①]（图三；彩版一，2），与大葆台一号墓稍有不同的是，老山汉墓题凑的四角，采用南北纵向和东西横向分层叠垒的方法，而且在题凑四壁的内面和四角分割放置有立柱方木，这些立柱置于题凑墙内，形成了类似框架的木结构，这在大葆台一号墓中没有出现这样的垒叠方法和框架结构。其他方面，两座黄肠题凑墓非常一致。鉴于这两座墓都在同一地区，也均属燕蓟地区诸侯王（后）陵墓，故可互参。这一点推断还可从长沙地区四座黄肠题凑的统一性大于多样性得到佐证。

[①] 参见王鑫：《北京老山汉墓》，《2000 年中国重要考古发现》，文物出版社，2001 年；宋大川：《近年来北京考古新成果》，见《北京文物与考古》第五辑，北京燕山出版社，2002 年。

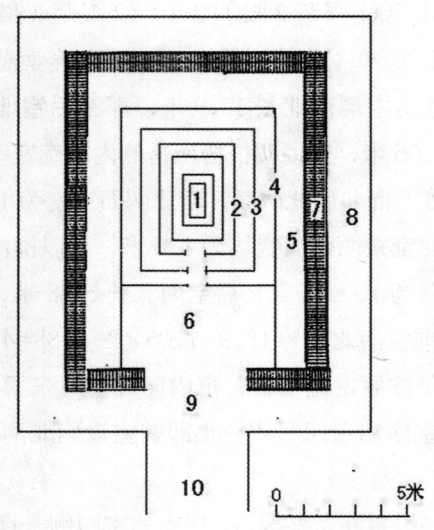

图三 老山汉墓墓室平面示意图①
1. 套棺 2. 内椁 3. 外椁 4. 椁室 5. 内回廊
6. 前室 7. 题凑 8. 外回廊 9. 过道 10. 南墓道

老山汉墓为竖穴岩坑木椁墓，整体布局也由封土、墓道、墓坑和墓室四部分构成。墓道位于墓室南侧正中，似乎没有北墓道。外回廊环绕题凑外墙四周，南壁中部有门与墓道相通。题凑位于外回廊内侧，平面呈长方形。南墙正中有门与前室相通，与外回廊大门相对。内回廊位于题凑内侧，东西侧直接与题凑南墙相接，三面通长28、宽约1米。由内回廊围成的墓室中心部位，为前室与后室。南部为前室，南北3米，东西6米；北部为后室，南北7米，东西6米（前、后室也等宽）。棺椁位于后室中，与内回廊间距约0.9米，为三棺两椁。

因此，说大葆台一号墓的前室东西两侧直接与题凑木墙南壁相接，是可以成立的。这样，大葆台一号墓前室南北长即为4.9+1.06=5.96

---

① 注：本图只是笔者根据相关报道而作的简单图示，谨供参考，特此说明。

米，东西宽 5.70 米，几呈方形。

四、墓室结构的重新复原

综合上述认识，现将大葆台一号汉墓的整体布局和结构重新复原如下（图四）：

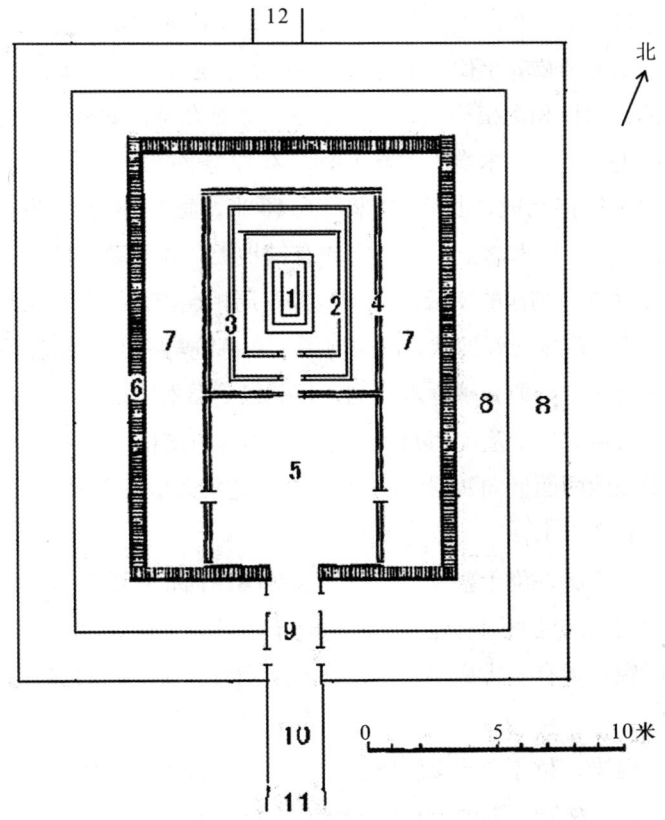

图四 大葆台一号墓墓室重新复原平面示意图
1.套棺 2.内椁 3.外椁 4.椁室 5.前室 6.题凑
7.内回廊 8.外回廊 9.过道 10.车马库 11.斜坡南墓道 12.北墓道

大葆台一号汉墓是由封土、墓道、墓坑和墓室四部分组成。

墓道为南北两条，其中南墓道为主墓道，残长34米，底宽4.25米，分为两段：北段长16.7米，底与墓室底齐平，为一车马库，其做法是：先在墓底夯土上铺有白膏泥和木炭，然后在木炭上再铺垫木，垫木上铺地板，墓道壁用扁平立木拼成木制壁板，壁板外贴有木炭，其上用盖板为顶；南段呈斜坡状，残长17.3米。北墓道为一斜坡便道，系造墓时为运料和出土方便而开的出口，用毕即回填封固。

墓室为墓葬主体，由过道、外回廊、题凑、内回廊、前室、椁室、外椁、内椁和套棺构成。整个墓室，先是在墓坑底铺一层白膏泥，白膏泥上再铺一层木炭。木炭上面，为12条南北向垫木，每条垫木由5条木头拼接而成，长6.20米～6.66米，宽0.24米。垫木之间相距1米左右。垫木之上，东西向放有铺地板，作为墓室的底。墓坑四周为扁平立木制作的壁板，与铺地板四周相连接。因墓地土质含沙量较大，四壁都做成斜坡状，以防坍塌。在墓坑与扁平立木之间的空隙处，填土夯实。紧靠扁平立木外侧，也贴以一层木炭。

过道，位于墓室南面正中处，北端与前室相通，南端与墓道相连。过道东西两面通向两层外回廊，整个过道平面呈长方形，东西宽4.3米，南北长3.6米。

外回廊，位于墓壁内，是环绕题凑四面相连的通道。南面外回廊东西两端与过道相连通，四面通长75.6米，总宽3.6米，复原高3米。外回廊正中有一排扁平立木，把外回廊分成相等的两层，构成双层外回廊。

题凑，位于外回廊内侧，平面呈长方形，是用长条方木，头向内，层层垒砌，形如木墙。南壁正中辟门，通向前室与过道，也使得过道与前室相通。题凑外周南北长15.7、东西宽10.8米，内周南北长13.9、东西宽8.9米，复原高3米。题凑所用黄肠木是一层层垒砌起来的，所用黄肠木大小，并无一定排列秩序。各层之间无榫卯固定。

题凑四角各相接处，也没有发现用任何榫卯或其他加固的东西予以固定，只是东西两端，紧紧顶挤着题凑的南北两端。

内回廊，外侧为题凑木墙，内侧为大扁平立木组成的木结构板墙，环绕外椁房和前室东、西、北三面，东西两侧直接与题凑木墙南壁相接，且东西两侧南段有门与前室相通。三面通长36.7米，东西两面宽各1.6米，北面宽各1.06米。

前室，位于由内回廊内侧木墙围成的空间的南部，南面经题凑门与过道相通，北面有门通向椁室，东西两侧也有门分别通向东西面内回廊。南北长5.96米，东西宽5.70米，几呈方形。复原高3.95米。

椁室（后室），位于由内回廊内侧木墙围成的空间的北部，与前室相对，南面有门通向前室，平面呈长方形，南北长6.88米，东西宽5.70米。椁室底部在铺地板上又铺了一层木板，它是由10行20条大扁平木拼成。在这层木板上构筑外椁与内椁（棺房）。椁室墙板与外椁墙板之间，形成一个东、西、北三面贯通的回廊，东西两面宽各为1.13米，南北两面宽各为0.90米，南面有门，向北通外椁门，向南通前室。

外椁，位于椁室内，南北向，平面呈长方形，长5.08米，宽3.44米，复原高2.70米，由底板、壁板、盖板和门构成。南辟门，通向前室，双扇对开。

内椁，位于外椁房中，南北向，平面呈长方形，长3.82米，宽2.34米，高2.04米，由底板、壁板、盖板和门构成。内椁门亦为双扇门。在内椁底板上，有南北向3条滑板，滑板上放置三重套棺。

三重套棺置于内椁房中，外棺长2.82米，宽1.40米，高1.40米，由底板、棺帮和盖板组成一个封闭性空间。中棺长2.52米，宽1.00米，高1.00米，也是由底板、棺帮和盖板构成。

第三章
西汉黄肠题凑墓葬形制分析

发掘报告称大葆台一号墓墓葬形制为黄肠题凑,依据的是《汉书·霍光传》中的一条材料,即宣帝赐予霍光"梓宫、便房、黄肠题凑各一具,枞木外臧椁十五具",以及三国魏人苏林对黄肠题凑这一葬具的注释:"以柏木黄心致累棺外,故曰黄肠;木头皆向内,故曰题凑。"之后诸侯王陵墓所谓的黄肠题凑墓葬形制的判定,基本与大葆台一号墓一样,只要具有与文献对应的题凑木墙,就称之为黄肠题凑墓。实际上,这种判定只是一种纯结构意义上的对应,而文化内涵是否与西汉帝陵形制相应,则并未进行过论证。况且,除了黄肠题凑葬具之外,还有梓宫、便房、外藏椁等其他重要葬具。因此,这些所谓的黄肠题凑墓葬形制,需要我们重新考察和判定。

文献中关于西汉帝陵形制的叙述并不多,如《汉书·霍光传》载曰:

光薨,上及皇太后亲临光丧。太中大夫任宣与侍御史五人持节护丧事。中二千石治莫府冢上。赐金钱、缯絮、绣被百领,衣五十箧,璧珠玑玉衣，梓宫、便房、黄肠题凑各一具，枞木外藏椁十五具。东园温明，皆如乘舆制度。

东汉卫宏《汉旧仪》略载前汉诸帝寿陵曰：

天子即位，明年，将作大匠营陵地。用地七顷，方中用地一顷，深十三丈，堂坛高三丈，坟高十二丈。武帝坟高二十丈，明中高一丈七尺，四周二丈。内梓棺、柏黄肠题凑，以此百官藏毕。其设四通羡门，容大车六马，皆藏之内方，外陟车石。外方立，先闭剑户，户设夜龙、莫邪剑、伏弩，设伏火。

又东汉卫宏《汉仪注》载曰：

天子陵中明中高丈二尺四寸，周二丈，内梓宫，次楩椁，柏黄肠题凑。

《续汉书·礼仪志下》载东汉帝陵曰：

太史卜日。谒者二人，中谒者仆射、中谒者副将作，油缇帐以覆坑。方石治黄肠题凑便房如礼。

由这些材料可知：一，每条材料对帝王陵墓形制内容的记述，似乎并不全面，但梓宫、楩椁（或便房）、黄肠题凑为共同记载内容，说明这些为帝王陵墓葬制的必备要素；二，综合看，除了梓宫、楩椁（或便房）、黄肠题凑这三项必备要素外，百官藏与枞木外藏椁以及四通羡门等，也应为帝王陵墓葬制的重要内容①；三，整个帝王陵墓实由两大部分组成，即内方和外方，至于具体布局和结构则不甚明确；四，重要功臣经皇帝赏赐可以享受帝王陵墓葬制中的一些葬具，但未必是整个形制；五，这一帝陵形制贯穿整个两汉时期，只不过到东汉时期，改黄肠木为黄肠石而已；六，帝王陵墓整体形制并未有一个明确称谓，梓宫、楩椁（或便房）、黄肠题凑等指的都是葬制中的葬具。

学术界把这些葬具所形成的葬制称之为黄肠题凑形制，只是一种约定俗成的称谓而已。为了研究上的方便，这种无须讨论的称谓也是可以成立的。

不过，这些葬具的具体内涵、结构，以及它们之间的关系等，都需要我们明确。不然，我们无法真正认识和评定已发现发掘的所谓黄肠题凑墓葬。

一、梓宫

大量文献记载显示，汉代帝王、王后均使用梓宫这一葬具。《汉书·霍光传》虽说梓宫是霍光去世后享受的葬具之一，但"皆同乘舆制度"，说明西汉帝王也应使用梓宫这一葬具。而且《汉旧仪》、《汉仪注》更直接记录了西汉帝陵葬有梓宫这一高级葬具。此外，还有一些文献也记录了汉代帝王使用了梓宫葬具，特别是东汉时期。

---

① 1981年单先进先生明确指出："题凑墓包括'黄肠题凑'、'外藏椁'、'便房'、'梓宫'等一套木结构的葬具。'黄肠题凑'是其中必要的组成部分。"（单先进：《西汉"黄肠题凑"葬制初探》，见《中国考古学会第三次年会论文集》，文物出版社，1984年）之后，刘德增、黄展岳、刘振东等都认同并强调黄肠题凑是一种包括黄肠题凑、梓宫、便房、外藏椁之内的葬制的总括，是汉代丧葬礼制中级别最高，也是最为重要的一种葬制。近来刘瑞、刘涛在其《西汉诸侯王陵墓制度研究》一书中提出"百官藏"也是西汉黄肠题凑葬制中的一项内容。

如《汉书·外戚传下》载曰:"故长定许贵人及故成都、平阿侯家婢王业、任孋、公孙习前免为庶人,诏召入,属昭仪为私婢。成帝崩,未幸梓宫①,仓卒悲哀之时,昭仪自知罪恶大,知业等故许氏、王氏婢,恐事泄,而以大婢羊子等赐予业等各且十人,以慰其意,属无道我家过失。"《后汉书·显宗孝明帝纪》:"太尉熹告谥南郊,司徒䜣奉安梓宫,司空鲂将校复土。"姚之骃《后汉书补逸》卷一八《司马彪续后汉书第一·章帝》:"明帝崩,司徒鲍昱典丧事,葬日,三公入安梓宫,还至羡道半,逢上欲下,昱前叩头,言礼天子鸿洞以赠,所以重郊庙也,陛下奈何冒危险不以义割哀,上即还。"《后汉书·孝顺孝冲孝质帝纪》:"明年三月,安帝崩,北乡侯立,济阴王以废黜,不得上殿亲临梓宫,悲号不食,内外群僚莫不哀之。"《后汉书·桓思窦皇后纪》:"永康元年冬,帝寝疾,遂以圣等九女皆为贵人。及崩,无嗣,后为皇太后。太后临朝定策,立解犊亭侯宏,是为灵帝。太后素忌忍,积怒田圣等,桓帝梓宫尚在前殿,遂杀田圣。又欲尽诛诸贵人。"《后汉书·五行志一》:"中平六年夏,霖雨八十余日。是时灵帝新弃群臣,大行尚在梓宫。大将军何进与佐军校尉袁绍等共谋欲诛废中官。下文陵毕,中常侍张让等共杀进,兵战京都,死者数千。"《后汉书·百官志一》:"凡郊祀之事,掌省牲视濯,大丧则掌奉安梓宫。"这些文献记录了西汉成帝、东汉明帝、章帝、安帝、桓帝、灵帝等帝王薨后均使用了梓宫,说明梓宫是汉代帝王使用的高级葬具,且有专人管理。

又如《汉书·外戚传下》载曰:"莽复奏言:'前共王母生,僭居桂宫,皇天震怒,灾其正殿;丁姬死,葬踰制度,今火焚其椁。此天见变以告,当改如媵妾也。臣前奏请葬丁姬复故,非是。共王母及丁姬棺皆名梓宫,珠玉之衣非藩妾服,请更以木棺代,去珠玉衣,葬丁姬媵妾之次。'奏可。"(元)郝经《续后汉书》卷八七中下《礼乐》:"汉兴,凡诸帝崩,缠以缇缯,以玉为衣,上襦下札,缀以金缕,梓宫,便房,黄肠

---

①颜师古曰:"言未大敛也。"

题凑,枞木外藏。砂画金涂,间以曾碧,错以琅玕。宼簠簋,列豆登,陈鼎甒,皆淳金银。枕几盘盌,浑用大玉。大皆仿秦旧,而华侈过之。"这些说明一般大臣或王侯是不能随意使用梓棺,不然就成为僭越葬制行为。同时,这也是厚葬的体现。

另据文献记载,一些大臣去世后被赐予等级较高的棺具,但不称其为梓宫,而是称之为"东园秘器"、"梓器"、"梓棺"、"朱寿器"、"画棺"等等。

赐东园秘器者,如《汉书·孔光传附孔霸传》:"及霸薨,上素服临吊者再至,赐东园秘器。"《汉书·佞幸传·董贤》:"下至贤家僮仆,皆受上赐。及武库禁兵,上方珍宝,其选物上第,尽在董氏。而乘舆所服,乃其副也。及至东园秘器、珠襦、玉柙豫以赐贤,无不备具。"《后汉书·王允传》:"帝思允忠节,使改殡葬之。遣虎贲中郎将奉策吊祭,赐东园秘器,赠以本官印绶。"清代学者倪涛《六艺之一录》卷六六《石刻文字四十二·昭陵诸碑》:"汉氏使将相陪陵,又给以东园秘器,笃终之义,恩意深厚。"①

关于东园秘器,(唐)颜师古注曰:"东园,署名也。《汉旧仪》云:东园秘器,作棺,梓素木,长二丈,崇广四尺。"《汉书·百官公卿表》有"东园匠",颜师古注曰:"东园匠,主作陵内器物者也。"(唐)章怀太子李贤注《后汉书·邓皇后纪》曰:"东园,署名,属少府,主作凶器,故言秘也。"又注《后汉书·蔡茂传》曰:"东园,署名,主作棺也。"这是说东园是一个官署,属少府主管,制作陵墓所用之器,即为东园秘器。所谓的陵墓所用之器,即指用梓木制作的棺。故赐予大臣东园秘器,即赐予相应的用梓木所做的棺木。从棺具本身而言,与梓宫一样,但不能称之为梓宫。

赐梓器者,如《后汉书·儒林列传·戴凭》:"赐东园梓器,钱二十万。"《后

---

① 此外还见于《后汉书·邓皇后纪》、《后汉书·宦者列传·单超》、《后汉书·盖勋传》、《后汉书·刘般传附刘恺传》、《后汉书·冯勤传》等文献。

汉书·杨震传附杨赐传》:"其月薨。天子素服三日,不临朝。赠东园梓器、襚服,赐钱三百万布五百匹。"《后汉书·胡广传》:"年八十二,熹平元年薨。使五官中郎将持节奉策,赠太傅安乐乡侯印绶,给东园梓器。"

关于东园梓器,(宋)王楙《野客丛书》卷二五《汉嫁娶丧葬过制》云:"梓者,东园秘器中,人或得用之送死。"这是说东园梓器也是东园秘器中的一种,其实与上述文献记载的东园秘器是同一类内容,只不过表述得更为明了。

还有称之为"梓棺"、"朱寿器"、"画棺"、"画梓寿器"、"朱棺"等,如《后汉书·蔡茂传》:"建武二十年,代戴涉为司徒,在职清俭匪懈。二十三年薨于位,时年七十二。赐东园梓棺,赗赠甚厚。"《后汉书·梁统传附梁商传》:"及薨,帝亲临丧,诸子欲从其诲,朝廷不听,赐以东园朱寿之器①、银镂、黄肠、玉匣、什物二十八种。"《后汉书·梁统传附梁竦传》:"赐东园画棺、玉匣、衣衾,建茔于恭怀皇后陵傍,帝亲临送葬。"《后汉书·匽皇后纪》:"元嘉二年崩。以帝弟平原王石为丧主,敛以东园画梓寿器、玉匣、饭含之具,礼仪制度比恭怀皇后。"《后汉书·袁安传》:"袁逢卒,朝廷以逢尝为三老,特优礼制,赐以朱画秘器。"《东观汉纪·耿秉传》:"耿秉薨,赐朱棺玉衣。"

关于朱寿器,李贤注曰:"寿器,棺也,以朱饰之,以银镂之。"关于画梓寿器,李贤注曰:"东园,署名,属少府,掌为棺器,梓木为棺,以漆画之,称寿器者,欲其久长也,犹如寿堂、寿宫、寿陵之类也。《汉旧仪》曰:'梓棺,长二丈,广四尺。玉匣者,腰已下为柙,至足,亦缝以黄金为缕。饭含者,以珠玉实口。'"关于朱画秘器,李贤注曰:"秘器,棺也。"这些均说明,它们都属棺具,为东园匠所做,材质为梓木,且有装饰。这几乎与帝王梓宫相当,帝王使用的梓宫也是有装饰礼仪的。《后汉书·礼仪志下》:"东园匠、考工令奏东园秘器,表里洞赤,虡文画日、月、鸟、龟、龙、虎、连璧、偃月,牙桧梓宫如故事,大敛于两楹之间。……三公升自阼阶,安梓宫内珪璋诸物,近臣佐如故

---

① (宋) 刘攽曰:"案文衍一之字。"

事。嗣子哭踊如礼。"有学者曾指出,"梓宫的称谓可能仅是从天子葬具用材方面的记述,它所突出的乃是葬具用梓木进行修建,因此并不涉及在棺具上的装饰。"①这似乎并不确切。

上述文献材料说明,尽管一些大臣、王侯可以享用梓器、梓棺、朱寿器、画棺等高级葬具,但均不能称其为梓宫。这说明梓宫确实为帝王所专用,为汉代棺具之最高等级,特别是到了东汉时期,已成为一种定制。自汉代以后,梓宫似乎成为帝王葬棺的代称。(宋)李焘《续资治通鉴长编》卷五七《真宗》:"宗正卿赵安易言:'……方权攒妄立神主,未大葬辄埋悬重,奈棺柩未归园陵,则神灵岂入太庙,柏城未焚凶仗,则凶秽唐突祖宗,望约孝章近例祖于壬地……'孙何等上言:'……安易本不知书,直谓未升祔间,诸庙既及七月,即合依时荐享,所以妄逞謷言,以凶仗为凶秽,目群官为颠倒,指斥梓宫直名棺柩,令百司分析园陵,浼渎圣聪,诬罔臣下。'"孙何等人严厉斥责宗卿赵安易直呼帝王棺具为棺柩,认为这是对帝王的不敬。

还有一则材料可作旁证,《宋书·礼志》云:"孝武帝大明五年闰月,皇太子妃薨,樟木为椟,号曰樟宫。"这说明称"宫"的皇权至尊性。

何谓梓宫? 其实从上述讨论中,我们已初步了解到梓宫应指棺这一葬具。东汉服虔注曰:"棺也。"颜师古注曰:"以梓木为之,亲身之棺也,为天子制,故亦称梓宫。"②李贤注曰:"梓宫,以梓木为棺。《风俗通》曰:'宫者,存时所居,缘生事死,因以为名。'"③

这些注疏说明了梓宫的五个特点:(1) 棺:亲身之葬具;(2) 梓木:最为规制的材质;(3) 天子之制:帝王、后专用的丧葬礼制;(4) 宫:视死如生的丧葬观;(5) 东园主作:制作的专门化、规模化。这几个特征,对于"梓宫"这一称谓来说,缺一不可,它们的整体才具有这

---

① 刘瑞、刘涛:《西汉诸侯王陵墓制度研究》,中国社会科学出版社,2010年,347页~348页。
② 均见《汉书》卷六八《霍光传》注。
③ 见《后汉书》卷二《显宗孝明帝纪》注。

一称谓的本质意义。有的学者强调天子之梓宫与臣民之棺的名号之别①，有的学者强调天子之梓宫的礼制②，这都是谈及梓宫的某一个方面。

目前关于梓宫争议较大的是其内容，即它所包括哪些部分。有的认为，梓宫的具体位置和形式，亦因各墓结构不同而异，如高邮天山汉墓，似应包括内椁，以及内椁里的前室和后室统称梓宫，北京大葆台汉墓似可将后室统称为梓宫，长沙象鼻嘴汉墓也可似将内椁之内，统称为梓宫③。有的则认为，以梓木制作的棺，且应与黄肠题凑共同使用，不具备黄肠题凑的墓，其棺木虽然也是梓木，似不能称为梓宫④。这些讨论均是针对一些诸侯王级别的黄肠题凑墓葬来谈梓宫问题，因它们都是一定程度上的僭越，故会出现各种差异性解释。目前汉代帝王黄肠题凑墓葬并未正式发掘，具体结构不甚清楚，故我们现在还无法确切论及梓宫的具体位置和形式。

二、便房

自大葆台汉墓发掘以来，学术界对梓宫、便房、黄肠题凑、外藏椁这一重要墓葬形制作了广泛而深入讨论。其中，关于便房问题争议最大，至今仍无定论。归纳起来有10种观点：(1) 认为墓中的前室为便房⑤；(2) 棺室两侧的侧室或回廊为便房⑥；(3) 内椁和棺室总称

---

① 单先进：《西汉"黄肠题凑"葬制初探》，见《中国考古学会第三次年会论文集》，文物出版社，1984年。
② 刘德增：《也谈汉代"黄肠题凑"葬制》，《考古》1987年4期。
③ 尤振尧："黄肠题凑"葬制的探讨》，《南京博物院集刊》1982年4期。
④ 湖南省博物馆：《长沙象鼻嘴一号西汉墓》，《考古学报》1981年1期。
⑤ 鲁琪：《试谈大葆台西汉墓的"梓宫"、"便房"、"黄肠题凑"》，《文物》1977年6期。
⑥ 俞伟超：《汉代诸侯王与列侯墓葬的形制分析——兼论"周制"、"汉制"与"晋制"的三阶段性》，见中国考古学会编《中国考古学会第一次年会论文集》，文物出版社，1980年，332页~337页，又见俞伟超《先秦两汉考古学论集》，文物出版社，1985年，117页~124页，长沙市文化局文物组：《长沙咸家湖西汉曹𡡕墓》，《文物》1979年3期；湖南省博物馆：《长沙象鼻嘴一号汉墓》，《考古学报》1981年1期；大葆台汉墓发掘组：《北京大葆台汉墓》结语 (鲁琪执笔)，文物出版社，1989年。

为便房①;(4)便房的具体位置因各墓形制有异②;(5)用楩木做成的内椁或棺房即为便房③;(6)内椁正中的棺房为便房④;(7)棺柩之上搭建的简易房屋为便房⑤;(8)便房指椁室的总称⑥;(9)墓圹、墓室之外,羡道旁侧的一组多室多功用的建筑,为便房⑦;(10)黄肠题凑之内的整个椁室即为便房,也称之为便椁。⑧

本文基本认同黄肠题凑之内的整个椁室即为便房这一新认识,但在某些具体分析方面,与此有不同看法,特别是对便房一具与便房多具情况作了补充论证。

(一)"内梓宫,次楩椁,柏黄肠题凑"与"内梓棺、柏黄肠题凑"

文献中关于西汉帝陵整体形制的明确描述并不多,目前仅见(梁)刘昭注《后汉书·礼仪志》时引《汉旧仪》略载前汉诸帝寿陵曰:

天子即位明年,将作大匠营陵地,用地七顷,方中用地一顷。深十三丈,堂坛高三丈,坟高十二丈。武帝坟高二十丈,明中高一丈七尺,四周二丈,内梓棺柏黄肠题凑,以次百官藏毕。其设四通羡门,容大车六马,皆藏之内方,外陟车石。外方立,先闭剑户,户设夜龙、

---

① 单先进:《西汉"黄肠题凑"葬制初探》,见中国考古学会编《中国考古学会第三次年会论文集》,文物出版社,1984年,238页~249页。
② 尤振尧:《"黄肠题凑"葬制的探讨》,《南京博物院集刊》1982年4期。
③ 刘德增:《也谈汉代"黄肠题凑"葬制》,《考古》1987年4期。
④ 黄展岳:《释"便房"》,《中国文物报》1993年6月20日,《汉代诸侯王墓论述》,《考古学报》1998年1期,《西汉陵墓研究中的两个问题》,《文物》2005年4期。
⑤ 秦建明、赵琴华:《便房初探》,《陕西历史博物馆馆刊》第七辑,三秦出版社,2000年。
⑥ 1989年出版的《北京大葆台汉墓》这一发掘报告的结语中就已指出,便房有可能即为椁室之别名,但该报告总的看法仍把内回廊当作便房。2003年,韩国河先生在其《温明、秘器与便房考》(《文史哲》2003年4期)一文明确提出,便房的内涵在两汉时期指的是椁室的总称。
⑦ 萧亢达:《"便房"新解》,《考古与文物》2010年3期。
⑧ 高崇文:《释"便椁"、"便房"与"便殿"》,《考古与文物》2010年3期。

莫邪剑、伏弩，设伏火。已营陵，余地为西园后陵，余地为婕妤以下，次赐亲属功臣。

曹魏如淳注释《汉书·霍光传》时引《汉仪注》曰：

天子陵中明中高丈二尺四寸，周二丈，内梓宫，次楩椁，柏黄肠题凑。

《汉旧仪》，据《后汉书·卫宏传》载①，为东汉初经学家卫宏所作。后佚而不复传世，所见者独《汉书》、《后汉书》注及唐宋诸书所引而已。明代《永乐大典》所辑的《汉官旧仪》，清代学者考证其即为卫宏所著的《汉旧仪》②。传世的《汉官旧仪》，原本有注，即为《汉仪注》。

既然《汉仪注》是对《汉旧仪》所作的注，那么"内梓宫，次楩椁，柏黄肠题凑"就是对"内梓棺、柏黄肠题凑"所作的进一步解释。由此可看出两点：一是"梓棺"注释为"梓宫"；二是多了"楩椁"这一层结构③。

梓棺为何要注释为梓宫，这得从汉代帝陵棺具称谓说起。从文献记载来看，西汉中后期，特别是东汉时期，称帝陵棺具为梓宫，实属定制。因此，《汉仪注》改梓棺为梓宫更能体现皇权的独尊性。

---

① 《后汉书》卷七九《卫宏传》载曰："光武以为议郎。宏作《汉旧仪》四篇，以载西京杂事。又着赋颂诔七首，皆传于世。"
② 明代《永乐大典》曾辑一本，名为《汉官旧仪》。《四库全书总目提要》对此进行考证，认为"其间述西京旧事典章仪式甚备，且与诸书所引《汉旧仪》之文参校无弗同者，自属卫宏本书。其称《汉官旧仪》者，或后人因其所载官制为多，妄加之耳"。但"又考前、后《汉书》纪、志注中，别有征引《旧仪》数条，并属郊天、祫祭、耕籍、饮酎诸大典，此卷俱未采入。盖流传既久，脱佚者多"。笔者案：关于西汉帝陵的这两条内容，均不见于《汉官旧仪》及清代补遗一卷中。
③ 也有可能是(梁)刘昭引《汉旧仪》时，文本亦有脱落，楩椁缺失即为脱落之表现。

至于多出楩椁这一层结构，也是有根据的。大量文献证实，帝陵梓宫与黄肠题凑之间是有结构的，只不过不称其为楩椁，而称为便房。如《汉书·霍光传》所言宣帝赐予霍光"梓宫、便房、黄肠题凑各一具，枞木外臧椁十五具"。《汉书》卷七〇《陈汤传》载曰："(成帝)昌陵因卑为高，积土为山，度便房犹在平地上，客土之中不保幽冥之灵，浅外不固。"《汉书》卷九三《佞幸传》也载："又令将作为贤起冢茔义陵旁，内为便房、刚柏题凑，外为徼道，周垣数里，门阙罘罳甚盛。"

虽说霍光只是列侯，但"皆同乘舆制度"；董贤只为宠幸之臣，但"不异王制"、"至尊无以加"，因此可以把他们所享有的葬具看作帝陵应有的内容。其他更是帝陵形制的直接反映。这些材料说明，便房为仅次于梓宫的帝陵葬具，体现在等级和层次结构两方面。

而对于楩椁来讲，它是指用楩木制作的椁，虽也代表一定的身份和等级，但无法与便房这一帝陵葬具相比。《史记·滑稽传》载云："请以人君礼葬之。王曰：何如？对曰：臣请以雕玉为棺，文梓为椁，楩枫豫章为题凑。"《潜夫论·浮侈篇》言："京师贵戚，必欲江南檽梓豫章楩柟。"《淮南子·修务训》云："楩柟豫章之生也，七年而后知，故可以为棺、舟。"《盐铁论·散不足》明确言："富者绣墙题凑，中者梓棺楩椁。"

《汉仪注》说的是帝陵葬具，《盐铁论》说的是"中者"这一阶层，二者等级差别悬殊，出现同一称法，似乎不大合理。对这一矛盾性记载，有学者这样解释，卫宏之所以称楩椁，大概是因当时棺、椁、题凑均用木制作，所以亦加"木"旁，将楩椁理解为用楩木制作，恐非卫宏原意①。这也只是一种推测。卫宏为东汉初年人，又如梓宫一样，帝陵称谓是有等级的，不能随意描述，故他不可能用一个中者都可使用的楩椁来记载西汉帝陵的。笔者认为，卫宏《汉仪注》中原本就没有楩椁一词，可能是流传时原词脱落，后人根据诸如《盐铁论》等文

---

① 高崇文：《释"便椁"、"便房"与"便殿"》，《考古与文物》2010年3期。

献的记述而增补为梗梓①。这看起来似乎与梓宫、黄肠题凑在材质描述上更加一致，于是如淳等人均误以为卫宏原意，而直引其文。

由上述文献关于便房的记载来看，《汉书》、《后汉书》这些正史文献在提及帝陵时，介于梓宫与黄肠题凑之间的这部分葬具，以便房这一词来记述。而且，便房为帝陵专用，其他王侯大臣须经帝王赐予才能享有。这与梓宫的独尊性是一致的。故这个原词即为便房，卫宏《汉仪注》原文应为"内梓宫，次便房，柏黄肠题凑"。

关于便房之"便"释义，学术界主要有四种解释：一是认为"便"作"安"解。这又分为两种：一种是为"安置"之义，作动词，便房就是安置梓宫之处②；另一种当"适宜"、"安适"讲，作形容词，便房为高等级的非常重要的葬具③。二是认为"便"为"梗"之假借，代表帝王葬具的规制性材质④。三是认为"便"为"别"义，便房是指侧室⑤。四是"便"为简易之义，便房是指棺柩之上搭建的简易房屋⑥。

东汉许慎《说文》云："便，安也，人有不便更之。"高崇文先生从诸多文献论证了《说文》对"便"释义的正确性，即"便"可释为

---

① 明代《永乐大典》所辑的《汉旧仪》（又称《汉官旧仪》）中，对前、后《汉书》纪、志注中别有征引《旧仪》郊天、袷祭、耕籍、饮酎诸大典等数条，俱未采入。因此，清代学者认为，"盖流传既久，脱佚者多"。
② 单先进：《西汉"黄肠题凑"葬制初探》，见中国考古学会编《中国考古学会第三次年会论文集》，文物出版社，1984年，238页～249页。
③ 高崇文：《释"便梓"、"便房"与"便殿"》，《考古与文物》2010年3期。
④ 刘德增：《也谈汉代黄肠题凑葬制》，《考古》1987年4期。黄展岳：《释"便房"》，《中国文物报》1993年6月20日；《汉代诸侯王墓论述》，《考古学报》1998年1期；《西汉陵墓研究中的两个问题》，《文物》2005年4期。
⑤ 鲁琪：《试谈大葆台西汉墓的"梓宫"、"便房"、"黄肠题凑"》，《文物》1977年6期。
⑥ 秦建明、赵琴华：《便房初探》，《陕西历史博物馆馆刊》第七辑，三秦出版社，2000年。

"平安"、"适宜"、"闲雅"等吉祥之意①。这是有道理的。许慎为东汉文字学家,他的释义应为当时人们所理解的。至于其他释义,或为"便"的变义。既然便房为汉代所用一词,那么《说文》的解释应值得参考。对丧葬礼俗来说,制作便房就是使"幽冥之灵"以"安"。

因此,便房与便殿、便坐等一样,"便"字均作"安"解,非"楩"字假借。释便房之"便"为"楩",说"便房"实即"楩房"②,都是不对的。至于便房之"房",如梓宫之"宫"一样,"存时所居,缘生事死,因以为名"。《汉书·霍光传》载:"及父子并为将军,有椒房中宫之重。"颜师古注曰:"椒房殿,皇后所居。"(元)陶宗仪《说郛》卷一一一上《赵飞燕外传》载:"飞燕自此特幸后宫,号赵皇后,帝居鸳鸯殿便房。"③

当然,在丧葬礼俗中,"便"与"楩"互用也是可能存在的,就如同"章"与"樟"互用④一样。"便"或为"楩"之简写,或为假借,或释音⑤。但我们在释读帝陵这一最高级丧葬制度时,不能与此相混淆,它们是有严格称谓的,称谓是有等级的。

同时,有材料显示,非帝王陵的便房,可称为便椁,这和梓棺与梓宫是一样的。2007年,荆州博物馆在江陵谢家桥发掘了一座保存比较完好的木椁墓,据所出竹牍记载,其下葬年代为西汉吕后五年十一

---

① 高崇文:《释"便椁"、"便房"与"便殿"》,《考古与文物》2010年3期。
② 刘德增:《也谈汉代"黄肠题凑"葬制》,《考古》1987年4期;黄展岳《释"便房"》,《中国文物报》1993年6月20日,《汉代诸侯王墓论述》,《考古学报》1998年1期,《西汉陵墓研究中的两个问题》,《文物》2005年4期。
③ 又见(明)梅鼎祚编《西汉文纪》卷二二,台湾商务印书馆,1986年。
④ 对于"豫章",一是指地名;二是指树木。《史记·司马相如列传》"集解"引(东晋)郭璞曰:"楩,杞也,似梓、枏,叶似桑。豫、章,大木也,生七年乃可知也。""正义"按:"温活人云豫,今之枕木也,章,今之樟木也。二木生至七年,枕、樟乃可分别。"有"樟棺"之称,《后汉书·礼仪志》:"诸侯王、公主、贵人皆樟棺,洞朱云气画公特进,樟棺黑漆。"
⑤ 《汉书·司马相如传》中"楩枏豫章"句下颜师古注曰:"楩音便。"

月二十八日(公元前184年12月26日)①。该墓所出遣册对椁室有记录："便廓具室一,厚尺一寸,宽丈一尺,袤丈八尺。"②古代称椁也为廓,《释名》:"椁,廓也,廓落在表之言也。"段玉裁注曰:"木郭者,以木为之,周于棺,如城之有郭也。"因此,遣册中的"便廓"可作"便椁"。

还有一点我们要注意,即如淳引《汉仪注》是从整体上来注释西汉帝陵形制的,而不单指对便房一词的注疏,如果认为如淳对便房的解释就是指椵椁,那只是简单的对应,并非如淳原意。其实,如淳对便房是另有解释的,即"便房,冢圹中室也"③。至于这个"室"的具体内容,如淳并未明确。

另据有关学者研究,谢家桥木椁墓中遣册所记的"便廓具室一"应指该墓主所用的整具椁室,而不是单指旁测边室或中间的棺室,再由黄肠题凑内的整个椁室就是由当时盛行的分箱椁室发展而来,所以黄肠题凑之内的整个椁室即是便房,也称之便椁④。这对我们认识如淳的"室"具有重要启示意义。

虽然这里的便廓与便房称谓不同,等级有差异,但其基本要素应是一致的。由"便廓具室一"可知,这套椁室应是指便椁一具的情况。而从宣帝赐予霍光"梓宫、便房、黄肠题凑各一具,枞木外臧椁十五具"来看,帝陵便房不止一具,便房多具是存在的。这也就是说,黄肠题凑之内的整个空间,很可能包含多具便房。因此,说黄肠题凑之内的整个椁室即是便房,有些笼统,不易区分便房一具与多具的情况。

---

① 荆州博物馆:《湖北荆州谢家桥一号汉墓发掘简报》,《文物》2009年4期。
② 杨开勇:《谢家桥一号汉墓》,荆州博物馆编《荆州重要考古发现》,文物出版社,2009年。
③ (梁)萧统编,(唐)李善等注:《六臣注文选》卷六〇《谢惠连〈祭古冢文〉一首》李善注引,上海古籍出版社,1993年。
④ 高崇文:《释"便椁"、"便房"与"便殿"》,《考古与文物》2010年3期。

(二)"便房,藏中之便坐也"

关于便房的功能,诸多学者引用的一条材料即为《汉书》卷七〇《陈汤传》,其文载曰:

(成帝)昌陵因卑为高,积土为山,度便房犹在平地上,客土之中不保幽冥之灵,浅外不固。

实际上,这条材料可作两种解释:(1)"便房"与"幽冥之灵(梓宫)"不是包含关系,但同属于一平面上。这样,如果便房在平地上,那么梓宫也相应在平地上,"幽冥之灵"当然就不保了。(2)便房包括梓宫。这样,如果便房在平地上,当然梓宫也随之在平地上,"幽冥之灵"更不保了。

经考察,已发现发掘的这些黄肠题凑墓葬,它们的前室都有一个共同特征,即与之后的椁房形成高于其他底板的一个平台,以及前室内都发现一些与祭奠有关的遗物[①]。

如果按照第一种解释,那么前室即为便房的一部分,所谓便房指的就是前室与后室所形成的整个空间结构;如果按照第二种解释,前室就不在便房内,所谓便房指的就是整个后室。所以,据此还是无法明确何谓便房。不过,便房保"幽冥之灵"这一功能是必须具备的,后室应为便房的重要组成部分。

对便房的注释,还有一条重要材料,即东汉服虔所言:

便房,藏中之便坐也。

[①] 长沙市文化局文物组:《长沙咸家湖西汉曹㜗墓》,《文物》1979年3期;湖南省博物馆:《长沙象鼻嘴一号西汉墓》,《考古学报》1981年1期;黄展岳:《汉代诸侯王墓论述》,《考古学报》1998年1期。

理解这一注释，关键是对便坐一词的认识。两汉时期有大量关于便坐的记载①，由这些材料可知，便坐为生人住宅的室，有廷、堂，具有休息、论道议事、宴饮、祭祀等功能，主人等级身份并不严格，享有便坐空间的客人，也无特别规定。至于其具体位置，只有《汉书·张禹传》谈及便坐与后堂的相对关系。显然，生人住宅的便坐，从性质与级别上，无法与"藏中之便坐也"的便坐对等。

1991年在河南偃师南蔡庄乡发掘一座东汉灵帝建宁二年纪年墓，该墓出土一肥致碑，其中有"建宁二年大（太）岁在己酉，五月十五日丙午直建，孝苌为君设便坐，朝莫（暮）举门恂恂，不敢（懈）殆（怠），敬进肥君，馔顺四时所有"一段内容。据有关专家考证，此乃肥致弟子孝苌为肥致设便坐，并朝暮、四时进行祭祀，因此，这里的便坐即为肥致之神主。②

这里提及的便坐与服虔所注的便坐，同为丧葬礼制范畴，故二者应有共性之处。便坐之"便"也应释为"安"，而"坐"则指"神主所在之处"，即"神坐"。略晚的《晋书·礼志中》明确记载了便房神坐："武帝泰始四年，文明王皇后崩，将合葬，开崇阳陵，使太尉司马望奉祭，进皇帝密玺绶于便房神坐。"这样，所谓便坐指的是使神坐适宜的地方。

《续汉书·礼仪志》在谈及东汉帝陵合葬礼仪时，提到"谒便房"，其文曰：

合葬：羡道开通，皇帝谒便房，太常导至羡道，去杖，中常侍受，至柩前，谒，伏哭止如仪。辞，太常导出，中常侍授杖，升车归宫。已下，

---

① 参见《史记·万石君传》、《汉书·张禹传》、《汉书·循吏传·文翁》、《东观汉记·彭宠传》、《后汉书·彭宠传》、《后汉纪·孝顺皇帝纪》、《后汉书·刘玄传》、《后汉书·鲁恭传》。
② 河南省偃师县文物管理委员会：《偃师县南蔡庄乡汉肥致墓发掘简报》，《文物》1992年9期；刘昭瑞：《论肥致碑的立碑者及碑的性质》，《中原文物》2002年3期；高崇文：《释"便椁"、"便房"与"便殿"》，《考古与文物》2010年3期。

反虞立主如礼。诸郊庙祭服皆下便房。

对这条材料尽管有不同解释①，但均不能否定便房祭奠这一功能的存在。

这样，我们就能理解服虔的注释了。所谓"便房，藏中之便坐也"，就是服虔借用阳间为祭奠先人而设置的便坐，来解释阴间的便房，强调便房的祭祀功能，体现了东汉晚期丧葬制度的变化。这也说明，同穴合葬后便房发生了变化，祭祀功能的独立化亦趋明显，以至于东汉至魏晋时期，便房演变为用于祭祀的空间②。

便坐与便房二者之所以称谓不同，其因之一，一个指阳间，一个指阴间，当然不能等同了；其因之二，便房更能准确地反映地下皇权至尊的政治制度，而便坐则没有等级性。

除了保幽冥之灵和祭奠神坐之外，便房还有其他一些功能。一是，多具便房位于墓室内，其结构复杂，空间甚多，功能也就多样化，未必没有随葬品或一些其他陈设。二是，从"诸郊庙祭服皆下便房"看，这个系统空间是可以放置与"幽冥之灵"有关的随葬品的。这一点也可从隋唐时期便房的叙述中得到旁证③。设"便房四所"，就是为了更多地"容送终之具"。同时也说明，隋唐时期便房独立化进一步加强，"容送终之具"演变为专门的耳室④就是表现之一。

综合如淳与服虔的注释，谢家桥木椁墓遣册记录，以及目前所发

---

① 单先进：《西汉"黄肠题凑"葬制初探》，见《中国考古学会第三次年会论文集》，文物出版社，1984年；萧亢达《"便房"新解》，《考古与文物》2010年3期。
② 韩国河：《温明、秘器与便房考》，《文史哲》2003年4期。
③ 《旧唐书》卷八九《狄仁杰传》（中华书局，1975年）载曰："时司农卿韦机兼领将作、少府二司，高宗以恭陵玄宫狭小，不容送终之具，遣（韦）机续成其功。机于堧之左右，为便房四所。又造宿羽高山上阳等宫，莫不壮丽。"
④ 韩国河：《温明、秘器与便房考》，《文史哲》2003年4期。

现的西汉黄肠题凑墓葬材料，可以得出：便房一具就是指具有祭奠性质的前室与安置棺柩的后室所形成的一个总椁室。

(三) 便房一具与便房多具的实例考察

现已发掘的西汉黄肠题凑墓葬形制和结构，可分为三种情况：一种是椁室紧贴题凑木墙内壁，这样，椁室内除了前室与后室外，还有回廊，如长沙西汉曹㛃墓(图五、图六)、象鼻嘴一号汉墓(图七、图八)、望城坡渔阳墓[①](图九)，均属此类型；另一种是椁室与题凑木墙分割，这样，椁室只包括前室与后室，且说明黄肠题凑与便房之间是可以有空间的，如大葆台一号汉墓[②]、六安双墩一号汉墓[③](图一〇)；而老山汉墓[④]，则处于这两种情况的一种过渡状态，表现为题凑木墙总体上与椁室分离，但题凑内壁仍存在木壁痕迹，似乎题凑没有完全独立出来。

[①] 长沙市文物考古研究所、长沙简牍博物馆：《湖南长沙望城坡西汉渔阳墓发掘简报》，《文物》2010年4期。
[②] 大葆台汉墓发掘组：《北京大葆台汉墓》，文物出版社，1989年。
[③] 安徽省文物考古研究所、安徽省六安市文物局：《安徽六安双墩一号汉墓发掘简报》，见安徽省文物考古研究所、安徽省考古学会编《文物研究》十七辑，科学出版社，2010年。
[④] 王鑫：《北京老山汉墓》，见《中国2000年重大考古发现》，文物出版社，2001年。

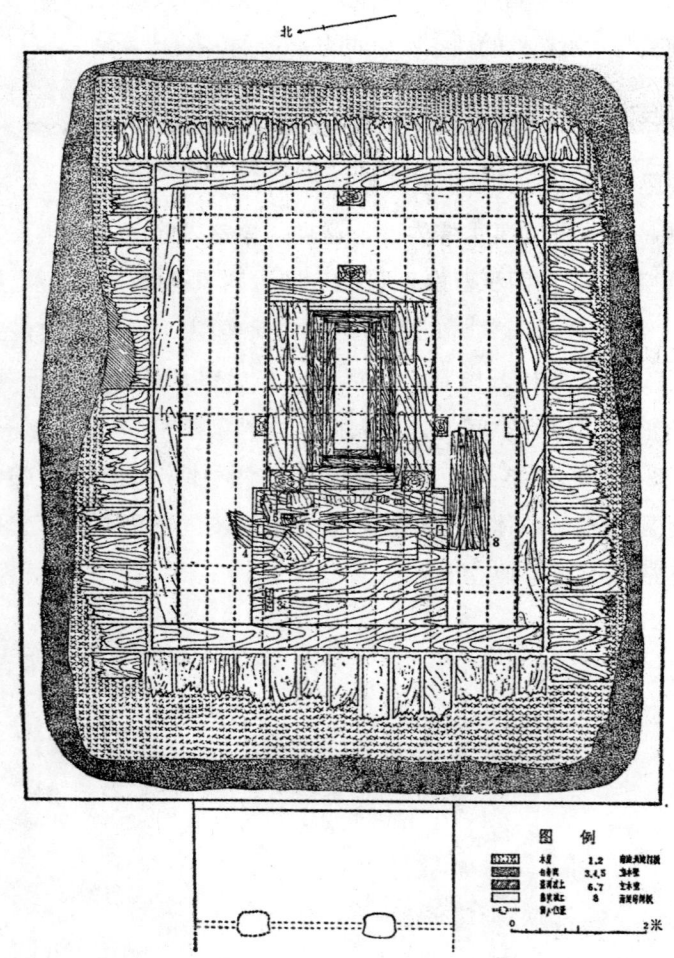

图五 曹𡢽墓底层结构平面图
(采自《长沙咸家湖西汉曹𡢽墓》)

第三章　西汉黄肠题凑墓葬形制分析

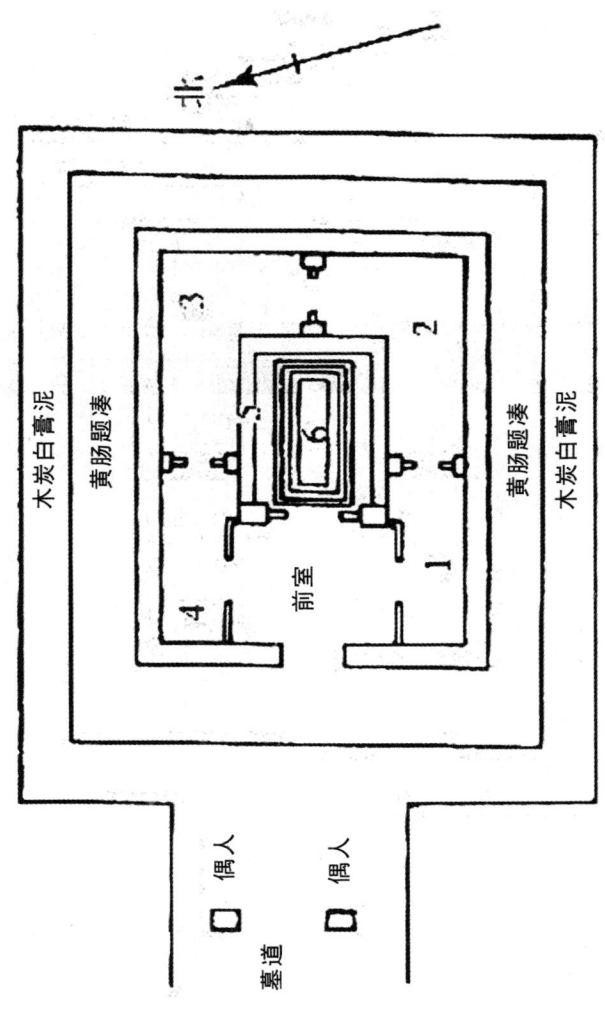

图六　陡壁山一号墓题凑椁室复原示意图
1~4. 椁房内的藏室　5. 棺房　6. 套棺
（采自黄展岳《汉代诸侯王墓论述》）

85

大葆台西汉墓研究

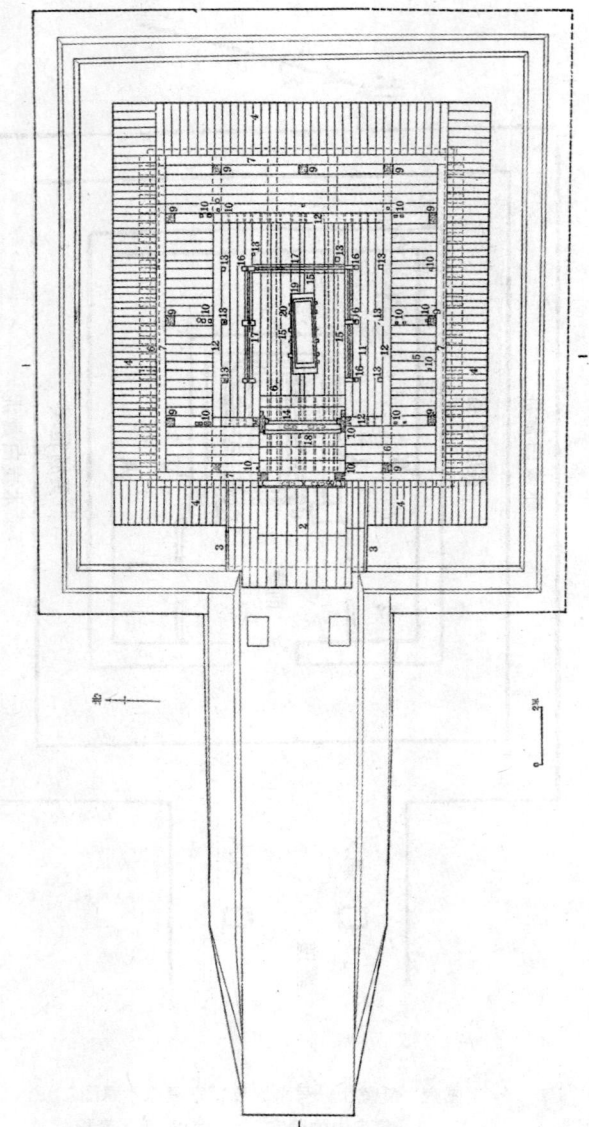

图七 象鼻嘴一号墓平面结构图
1.偶人位置 2.通道及其底板 3.通道墙板 4.题凑木 5.外椁及其底板 6.枕木（东西虚线）7.外椁墙板 8.外椁大门 9.外椁箱立柱 10.外椁室隔板及卯眼 11.内椁及其底板 12.内椁墙板 13.内椁室隔板及卯眼 14.内椁大门 15.棺房 16.棺房立板 17.棺房隔板 18.前室及前室底板 19.三重套棺 20.棺床（采自《长沙象鼻嘴一号西汉墓》）

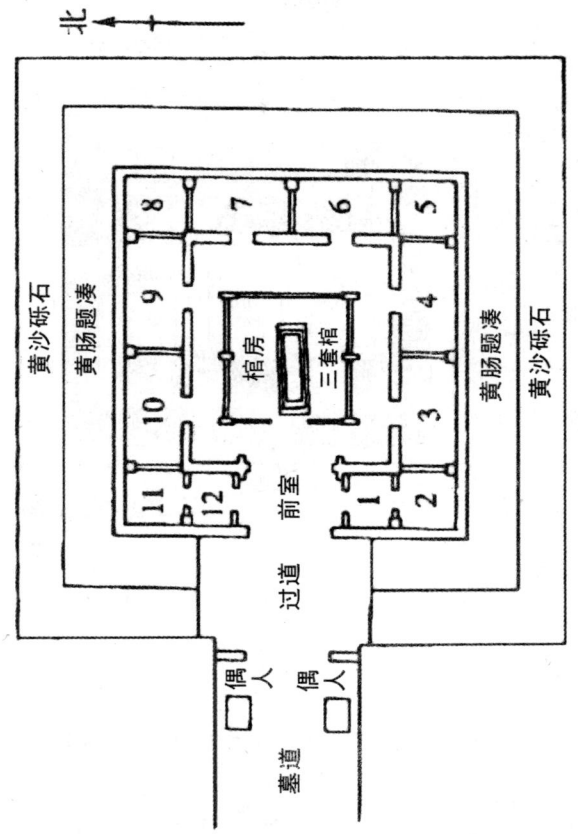

图八 象鼻嘴一号墓题凑椁室复原示意图
1～12. 椁房内的藏室
（采自黄展岳《汉代诸侯王墓论述》）

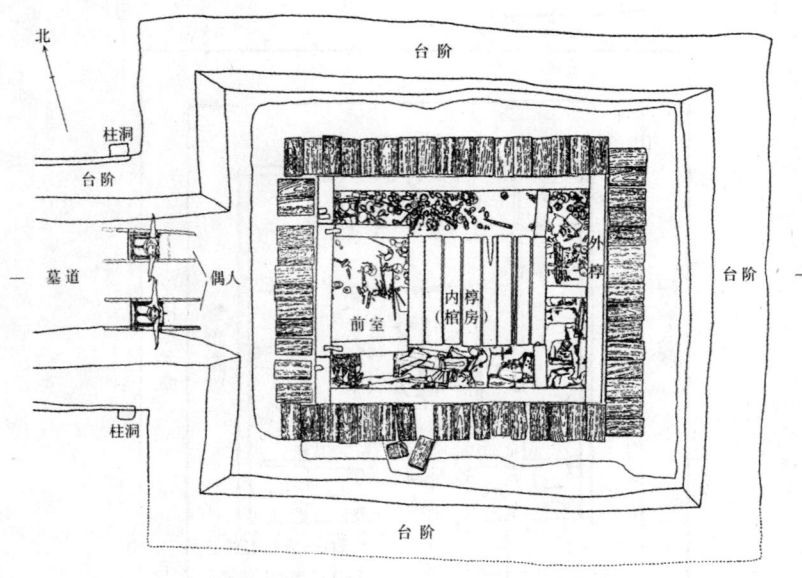

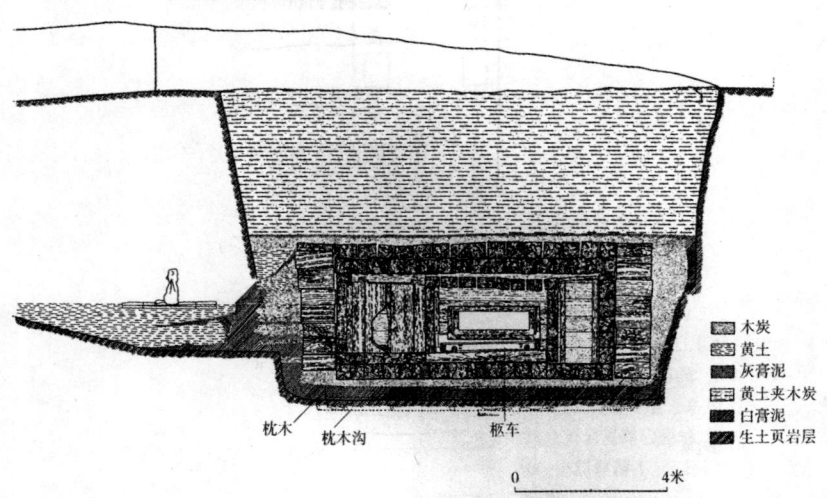

图九 望城坡西汉渔阳墓平、剖面图
（采自《湖南长沙望城坡西汉渔阳墓发掘简报》）

第三章 西汉黄肠题凑墓葬形制分析

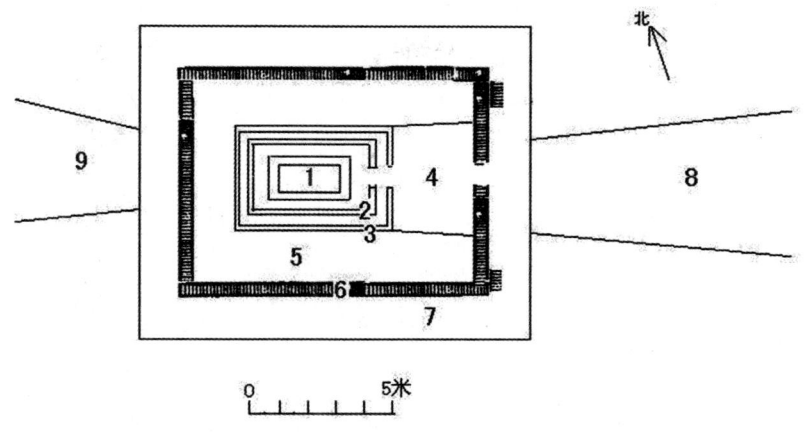

图一〇 六安双墩一号汉墓墓室平面图[①]
1.套棺 2.外椁 3.内椁(石椁) 4.前室 5.内回廊(分间)
6.题凑 7.外回廊(15个藏室) 8.东墓道 9.西墓道

　　这些墓葬的后室，是多重棺椁的。但其整体形成的椁室与前室相对（或南北，或东西），前室外是没有多重椁的。因此，这些便房均为一具。
　　当然，也有少量黄肠题凑墓葬，其前室外有多重椁，这说明其便房不止一具。如望城风篷岭汉墓[②]（图一一、图一二），外椁房也是紧贴题凑木墙，但其形状不是一般的长方形，而是一个"凸"字形。外椁房内，是以墓道和棺室一线为中轴线，分作东、中、西三列配置，平面均为长方形。中列分为前室、中室和后室，东、西两列也各分为前、中、后三室。棺房即为中列后室。

[①] 注：本图只是笔者根据相关材料而作的简单图示，谨供参考，特此说明。
[②] 长沙市文物考古研究所、望城县文物管理局：《湖南望城风篷岭汉墓发掘简报》，《文物》2007年12期。

89

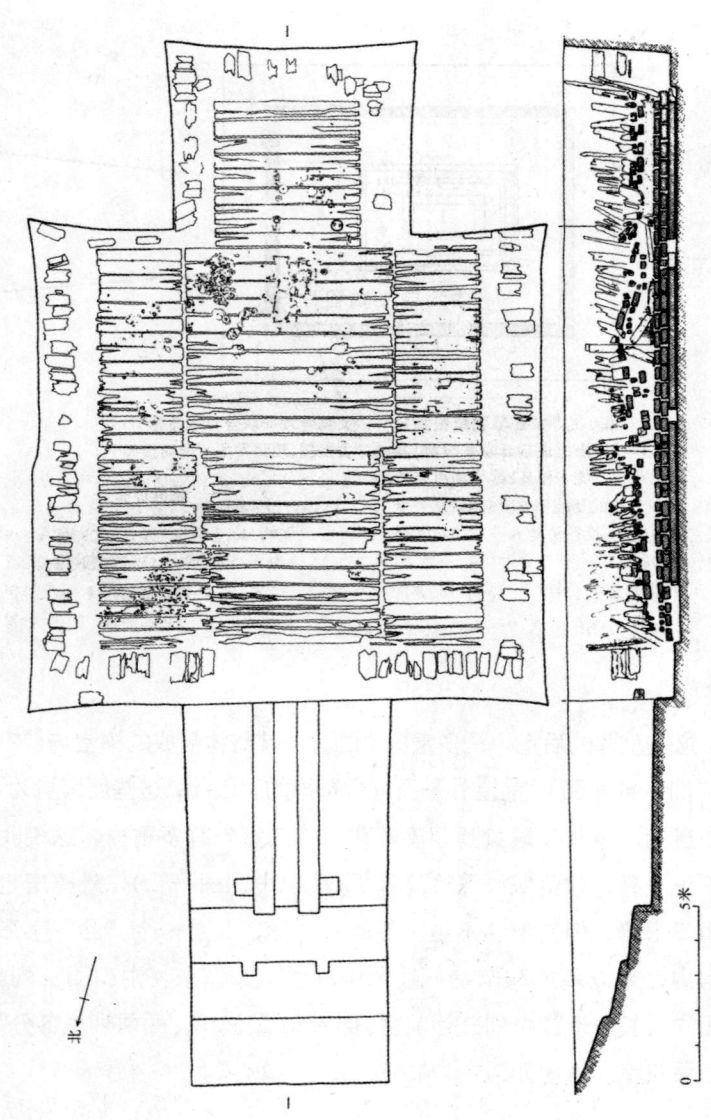

图—— 望城风篷岭汉墓平、剖面图
（采自《湖南望城风篷岭汉墓发掘简报》）

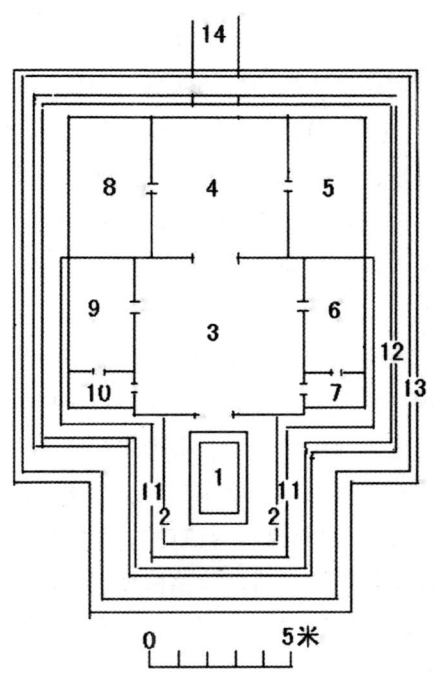

图一二 望城风篷岭汉墓墓室平面示意图①

1. 套棺 2. 中列后室（内椁房或棺房）3. 中列中室 4. 中列前室 5. 东列前室 6. 东列中室 7. 东列后室 8. 西列前室 9. 西列中室 10. 西列后室 11. 中椁房 12. 外椁房 13. 题凑 14. 墓道

从报告对椁室墙板的描述来看，整个分室实际上分为两部分，一部分是椁室外围第二层墙板围成的空间，即凹槽所连成的整体，包括东、中、西三列的中、后室。这一部分可作如下分析：第二层墙板即内椁墙板，所围成的空间为中椁房，包括中列后室这一内椁房（棺房）以及中列中室这一前室，其他两侧（东、西两列中、后室）可看作回廊。

---

① 注：本图只是笔者根据相关材料而作的简单图示，谨供参考，特此说明。

另一部分则是东、中、西三列前室所在的空间。对于这一部分可作如下认识：中列前室可作同类墓葬的前室，东西两列前室可作回廊。

这样，望城风篷岭汉墓的便房为两具：一具是指紧贴题凑木墙的外椁房，包括前室（中列前室）、中椁房（第二层墙板围成的空间，其内置有棺房）以及东西两列前室所形成的回廊；另一具是指中椁房，包括前室（中列中室）、内椁房（中列后室，即棺房）以及东、西两列中、后室所构成的回廊。这两具便房为套合形式，与学者所推测多具便房的设想似乎一致[①]。

高邮天山一号汉墓（图一三），也是比较复杂的黄肠题凑墓。因该墓发掘简报或报告至今尚未发表，目前也只是根据一些相关报道进行分析。黄展岳先生在《汉代诸侯王墓论述》一文中，对天山一号墓作了论述。他认为，该墓题凑木墙内有两层椁房，即中椁房（把题凑外的回廊称为外椁房）和内椁房（棺房），前室是棺房向南的延伸。但根据文中"平面示意图"来看，该墓棺椁层次，与象鼻嘴一号汉墓有些相似，当然也有差异。象鼻嘴一号汉墓，紧贴题凑内壁为一层椁房，即外椁房，被分割为12间小室，小室的外壁挡板即为中椁房的墙板；中椁房内又置有内椁房（棺房）。天山一号汉墓也是紧贴题凑内壁为一层椁房，即外椁房，被分割为15间小室，这小室的外壁挡板也应为一层椁房墙板，即中椁房墙板；中椁房内又置有内椁房，内椁房内置棺房。显然，比象鼻嘴汉墓多了一层椁房，即内椁房。如果棺房延伸之处为前室，再根据同类墓葬题凑与外椁房（大葆台一号汉墓）或中椁房（象鼻嘴一号汉墓）或内椁房（西汉曹嬛墓）之间均为前室所在，那么天山一号汉墓的前室就有两处，随之，该墓便房也就有两具。具体事实，只能待详尽资料发表后，再作判定。

---

① 刘瑞、刘涛：《西汉诸侯王陵墓制度研究》（中国社会科学出版社，2010年，360页）提出："如存在多具'便房'，那么其就有可能如同多重'梓官'一样，采用层层相套的办法加以布置。即在帝陵中出现多重棺房的布局。当然，其也有可能同唐代一样，采用左右布置的形式，将几个'便房'平列在一起。"

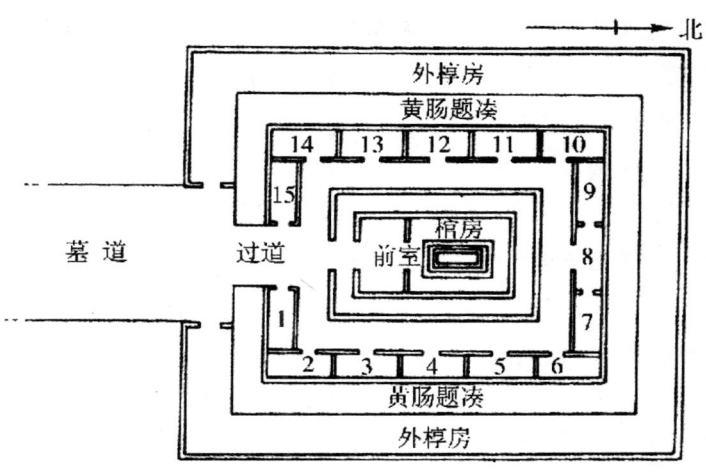

图一三　高邮天山一号汉墓题凑椁室平面示意图
1~15. 椁房内的藏室
（采自黄展岳《汉代诸侯王墓论述》）

综上所述，从便房的功能来看，前室和棺房是必须包括的，也即只要包含这两部分的椁室就可称为一具便房，而不能笼统地说黄肠题凑之内的整个椁室即为便房，这样不利于具体分析黄肠题凑墓葬中的便房多具情况。

通过对已发掘的西汉黄肠题凑墓葬进行分析，可以发现，大部分为便房一具，也有便房两具的，指的是套合的两个椁室，都具备便房的基本功能。同时，便房的形成有一个过程，它的布局和结构是随题凑形态的不断成熟而变化的。相对梓宫和黄肠题凑而言，便房是最为复杂的。因此，我们对其认识不能简单化，只能对具体墓葬作具体分析。

三、黄肠题凑

从《汉书·霍光传》、《汉旧仪》、《汉仪注》以及《续汉书·礼仪志》等文献来看，一是黄肠题凑为西汉帝陵葬制的一项重要内容；二是重要功臣经皇帝赏赐也可享受这一葬具；三是直到东汉时期帝陵形制仍为黄肠题凑，只不过改黄肠木为黄肠石而已。至于何谓黄肠题凑，尚不明确。三国魏人苏林对此进行了注疏：

以柏木黄心致累棺外，故曰黄肠。木头皆向内，故曰题凑。

《汉书音义》也注曰：

题，头也。凑，以头向内，所以为固也。

这两条注疏是后人理解西汉黄肠题凑葬具的重要依据，它从四个方面作了解释：(1) 材质：柏木黄心；(2) 位置：棺外；(3) 构筑方式：木端头皆向内致累而成；(4) 功能：保护棺室，使其稳固。这是目前关于黄肠题凑这一葬具最具体的说明，也是西汉帝陵中黄肠题凑葬具最为规制的体现。

从文献记载和大量考古发现来看，题凑之制是战国时期出现的一种新的构筑方式，即垂直于墓壁的方向层层垒砌，而不会像传统的木椁一样顺墓壁垒砌，其产生应与椁室的加固有关，作为埋葬的一种等级制度，大概在战国中晚期的某些国家已开始实行[①]。而西汉出现的黄肠题凑这一葬具，除了木端头向内致累而成（即题凑为垂直于墓壁的方向层层垒砌）和具有"所以为固"功能（即题凑加固椁室）这两项原题凑所具备的要素外，又增添了新的内涵。

第一，严格规定题凑的材质，即柏木黄心，这一点是必须具备的。柏黄肠题凑的记述，就是在强调材质必须为柏木黄心。同时，题凑用

---

① 参见高崇文：《西汉"黄肠题凑"葬制再研究》，见《汉代文明国际学术研讨会论文集》，北京燕山出版社，2009年。

柏木黄心，也有自然与社会因素在起作用。这表现在：一是缘于柏木本身的一些特性以及其与汉代文化元素的糅合所产生的文化吸引力，使得墓植柏树和墓葬用柏，在西汉非常盛行，而且成为身份和等级的一种象征①；二是春秋战国以来，通过历代学者的深入论证，黄色与君权逐渐形成了能指和所指的关系，这种关系在政治生活中得以物质化，促使黄色象征尊贵、象征君权的观念得到最大限度的认同，完成了黄色象征君权的符号化②。因此，"题凑"前冠以"黄肠"两字，不仅强调柏木材料，而且强调颜色黄心，强调黄色，无疑与"黄，地之色，天玄地黄"、"黄中之色也，君之服也"、"黄为土色，位在中央"的含义有关③。

第二，黄肠题凑一定程度上象征着尊贵、君臣一统与君主独尊的国家观与君主论。《说文》云："凑，水上人所会也。"唐代学者陆德明《经典释文》言："凑，聚也。"《淮南子·主术训》就曾云："人主者，……百官修同，群臣辐凑……"高诱注曰："群臣归君，若辐之凑毂，故曰辐凑。"又《淮南子·主术训》言："兼包万国，一齐殊俗，并覆百姓，若合一族，是非辐凑而为之毂……"高诱注曰："毂，以喻王。"《史记·太史公自序》也载曰："二十八宿环北辰，三十辐共一毂，运行无穷，辅弼股肱之臣配焉，忠信行道，以奉主上，作三十世家。"对"二十八宿环北辰，三十辐共一毂"，有不同解释。宋代裴骃《史记集解》案："《汉书音义》曰：'象黄帝以下三十世家，《老子》言车三十辐，运行无穷，以象王者如此也。'"而唐代张守节《史记正义》案："颜云：'此说非也。言众星共绕北辰，诸辐咸归车，群臣尊辅天子也。'"这些解释，基本围绕君尊臣辅而成一统来展开。这说明，汉代学人在语义学意义

---

① 笔者对此曾有专文探讨，见拙作《汉代墓葬用柏及其原因分析》，《中原文物》2009年3期。
② 参见张分田、许哲娜：《黄色成为君权符号的文化动因》，《天津师范大学学报》2006年5期。
③ 参见尤振尧：《"黄肠题凑"葬制的探讨》，《南京博物院集刊》1982年4期。

上赋予了"凑"新的文化内涵，符合两汉时期尊君一统是君主论和国家观的根本要求这一时代特征。

第三，黄肠题凑葬具的选择是墓葬形制本身演变与社会文化的相互结果。由于题凑这种结构极为科学，在一定程度上解决了封土对棺椁的压力问题①，起着加固外椁墙的作用②。所以这一葬具成为土坑木椁墓的首要选择。而西汉帝陵所处的自然环境，决定了其采用土坑木椁墓（仅文帝霸陵除外），而非崖洞墓。这样题凑也就会成为西汉帝陵葬具的一个选择对象。而黄肠柏木所具有的特性和文化内涵，更能突显皇权的特殊身份和等级，这样黄肠题凑就成为帝陵形制的最终选择。

第四，从文献记载来看，黄肠题凑应为西汉最高级别的葬具，一般为帝王、王后所用，其他大臣或宠臣须皇帝赐予才能享用。宣帝赐三朝功臣霍光黄肠题凑仅一具，说明它不是随意可使用的，应有一定身份和等级要求。《汉书·佞幸传·董贤》载，哀帝宠幸之臣董贤，在其活着时，哀帝就为"贤起大第北阙下重殿洞门"，"及至东园秘器，珠襦玉柙，豫以赐贤。无不备具，不异王制"，"又令将作为贤起冢茔义陵旁，内为便房，刚柏题凑，外为徼道，周垣数里，门阙罘罳甚盛。"董贤自杀后，其父董恭"复以沙画棺，四时之色，左苍龙，右白虎，上着金银日月，玉衣珠璧以棺，至尊无以加"。这说明，哀帝赐予宠辛之臣董贤以"刚柏题凑"（即为黄肠题凑），体现出"至尊无以加"的身份和等级。而一般富有者可以使用题凑，但不能使用黄肠题凑。《盐铁论·散不足》载曰："富者绣墙题凑，中者梓棺楩椁。"

可以说，黄肠题凑是汉代特有的一种葬具③，为汉代最高丧葬礼

---

① 刘德增：《也谈汉代"黄肠题凑"葬制》，《考古》1987年4期。
② 单先进：《西汉"黄肠题凑"葬制初探》，见《中国考古学会第三次年会论文集》，文物出版社，1984年。
③ 刘振东：《"题凑"与"黄肠题凑"》，见《新世纪的中国考古学——王仲殊先生八十华诞纪念论文集》，科学出版社，2005年，607页~625页。

制的重要体现。

以上所论述的只是西汉帝陵葬制中的黄肠题凑这一葬具的有关内容，也即为最规制的黄肠题凑葬具。如果从这一前提出发，说黄肠题凑必须用黄心柏木枋构成，否则便不成其制，是可以成立的。

而对于诸侯王而言，目前来讲，无论从文献记载，还是考古资料，都没有明确诸侯王所谓的黄肠题凑为帝王所赐。虽然西汉诸侯王曾出现"同制京师"这一现象，但最高皇权统治阶层为了维护刘姓大一统政治成果，一直都在安抚或打压地方势力，削藩是西汉政治生活的一件大事或一项政治制度，因此诸侯王所享有的黄肠题凑，如无赐予，那只是"同制京师"的一种僭越。又因时代和所在地区生产力条件以及政治权力等条件的不同，他们在僭越这一葬具的时候，会出现各种差异。这可从目前所发掘的一些诸侯王使用黄肠题凑葬具的考古情况加以证实（见附录一：表四）。

第一，从题凑木材质来看，有柏木、楠木和杂木等。在所列的8座黄肠题凑墓葬中，柏木材质与楠木材质各为3座，杂木为2座。即使在同一地域内的黄肠题凑墓，其所用的题凑木材质也不完全相同。如北京大葆台汉墓用的是柏木，而北京老山汉墓用的则是杂木；长沙的四座黄肠题凑墓，两座为柏木，另两座则为楠木。如果按照西汉帝陵标准，那么有些确不属于黄肠题凑，但对于诸侯王来讲，他们所用的题凑葬具，目标都是向帝陵黄肠题凑靠近，表现出一种向往和追求，只不过因各种因素，使得这一向往和追求有不同程度的距离。这在一些题凑葬具中有所体现。从江苏高邮天山一号汉墓与长沙望城风篷岭汉墓在使用楠木时所呈现出来的一些遗迹看，当时还是倾向于柏木这一材质的，只不过因各自条件，最终用楠木来制作。如天山一号汉墓，"'题凑'两端正中嵌入一块5立方厘米的小木块，借以迎合'黄肠题凑'为柏木黄心的原义，这是他墓题凑木所没有的"[①]。另长沙望城风篷岭汉墓，题凑枋木在堆垒中，有多处以较纯的黄色填土代替，这似乎

---

① 参见黄展岳：《汉代诸侯王墓论述》，《考古学报》1998年1期。

也有对柏木黄心的某种向往。因此，我们称这些非柏木的题凑葬具为黄肠题凑葬具，也是可以成立的。但这不是正宗的黄肠题凑，只能说是僭越式黄肠题凑。

第二，在题凑木规格方面，所用枋木长短粗细不一，最长者为175厘米，最短者为27厘米，多数为100厘米左右；横断面一般为正方形，边长约20厘米~49厘米，亦有少数不规则者。这方面的规定，似乎并不严格。那种认为并不是所有叠垒的柏木都能称黄肠题凑，它必须是短柏木枋[1]，似乎值得作进一步探讨。

第三，从堆垒方式看，彼此都存有一些差异。如在题凑结构的位置方面，主要有三种。一是位于外椁壁板四周，紧贴椁壁与墓壁之间，如长沙地区的四座黄肠题凑墓均为此类型，这显示出黄肠题凑葬具的尚未成熟。二是题凑与椁室之间有回廊，题凑与墓壁之间也有回廊，如北京的两座汉墓和高邮天山一号汉墓以及安徽六安双墩一号汉墓基本为此类型。而且，有的采用压边木来使其更加稳定，如大葆台一号汉墓。高炜先生也在叙述该墓形制与结构时有所谈及，他提出大葆台一号墓的堆垒方法与长沙两墓雷同，但不同的是，大葆台汉墓在题凑顶端增设压边枋；由于题凑高度超过椁室，与后室及外回廊板壁的高度接近，墓室顶盖棚木即架在题凑上面，使题凑同时起到承重墙的作用，从而整个结构更趋严紧[2]。这些特征显示出黄肠题凑已很成熟。三是有的在题凑四壁的内面及四角分割放置有立柱方木，这些立柱置于题凑墙内，形成了类似框架的木结构，增强了题凑整体的连接性和承载力度，如老山汉墓。这可看作前两种形态的一种过渡。

在具体垒筑方式上，各黄肠木之间，一是有榫卯固定，如天山一

---

[1] 单先进：《西汉"黄肠题凑"葬制初探》，见《中国考古学会第三次年会论文集》，文物出版社，1984年。
[2] 高炜：《汉代"黄肠题凑"墓》，见中国社会科学院考古研究所编《新中国的考古发现与研究》，文物出版社，1984年。

号汉墓；二是无榫卯固定，如北京大葆台一号汉墓、长沙陡壁山汉墓。另外，长沙象鼻嘴一号汉墓，四边题凑木的最下层，铺在厚0.23米的夯土之上，夯土外高内低，略向内斜，故使题凑木里端紧靠外椁墙板，两边题凑木的底层，里边均搭着外椁底板伸出来的部分，外端放在墓室内夯土层上。其余"黄肠题凑"底部有木料铺垫，上有木料盖顶。

从结构完整性来讲，有的已趋成熟，四面启口高低错落有序，垒砌较为平整，如天山一号汉墓和大葆台一号汉墓；有的则仍显粗糙，如长沙凤篷岭汉墓，结构不甚规整，垒砌木枋1层～3层不等，且高低不平，方向不一。

从这些堆垒方式多样特点来看，西汉黄肠题凑在遵从题凑固有的垂直于墓壁而不同于传统木椁墓这一基本特征基础上，增添了新的内容，这也算是一种发展。

第四，从墓葬所在地区与墓主人身份来讲，黄肠题凑墓南自长沙国，北至广阳国，以及地处河北的中山国、安徽的六安国、江苏的广陵国等[①]，均在采用，说明黄肠题凑这一葬具成为西汉墓葬形制的一种流行形式。而且墓主人（目前可考）均为诸侯王级别，说明它又是当时较为流行的一种诸侯王陵墓葬形制。同时，其整体结构也大体一致。因此，汉代黄肠题凑墓葬形制同样体现了汉代物质文化的统一性和多样性特征。

四、百官藏与外藏椁

关于外藏椁的记述仅见于《汉书·霍光传》，根据"皆同乘舆制度"来看，西汉帝陵也应有外藏椁。但在西汉帝陵的记述中，却又不见外藏椁。而是出现了百官藏这部分内容。从"内梓棺柏黄肠题凑，以此百官藏毕"[②]这一叙述次序来讲，百官藏也是在梓宫、便房、黄肠题

---

① 如果再算上新近发现的江苏大云山江都王、山东的定陶王黄肠题凑墓，范围更广。
② 《后汉书·礼仪志下》征引《汉旧仪》。

凑这些葬具之外的葬具,似乎与外藏椁一样。当然,这也不排除刘昭所征引《汉旧仪》时,如衍"梗房","梓宫"误作"梓棺"一样,漏载外藏椁。很可能《汉旧仪》的原文为:"以此百官藏外藏椁毕。"

何谓外藏椁,东汉服虔注曰:"在正臧外,婢妾臧也。或曰厨厩之属也。"据此,外藏椁有两个特征:(1)位置:在正臧外;(2)内容:A.婢妾随葬 B.厨厩随葬。其实,对于外藏椁内容而言,服虔也说不确切,"或曰"就说明他也不十分肯定。有的外藏椁包括厨厩,有的可能不包括这一内容。如果真是这样,那么外藏椁的内容,除了必须有婢妾随葬之外,其他内容是没有定制的。

首先,认识外藏椁,必须弄清正藏问题。《说文》曰:"汉书通用臧。"服虔所言的"正臧"也就是我们所言的正藏。目前而言,古文献中关于墓葬正藏的记录,除了服虔这一条注释外,再无其他直接记述的文献材料可寻。不过,刘昭征引《汉旧仪》时提到西汉帝陵的"内方",似乎与此有关。文曰:

《汉旧仪》略载前汉诸帝寿陵曰:天子即位明年,将作大匠营陵地,用地七顷。方中用地一顷,深十三丈,堂坛高三丈,坟高十二丈。武帝坟高二十丈,明中高一丈七尺,四周二丈。内梓棺柏"黄肠题凑",以次百官藏毕。其设四通羡门,容大车六马,皆藏之内方,外陟车石。外方立,先闭剑户,户设夜龙、莫邪剑、伏弩,设伏火。已营陵余地为西园后陵,余地为婕妤,以下次赐亲属功臣。

这里的内方,很明确,指的是"内梓棺柏黄肠题凑,以次百官藏毕。其设四通羡门,容大车六马",内方外用车石来围固。外方只是说其设立之前,先安置好剑户、设好伏火等防护措施,而对于外方的具体内容,文中并没有提及,这使得我们无法完整认识外方的结构和内容。

这段文献还提到一个重要概念,即方中。对于方中,古代有一些注释,如(宋)裴骃《史记集解》案:"《汉书音义》曰:'方中,陵上土作方也,汤主治之。'①苏林曰:'天子即位,豫作陵,讳之,故言方中。'"②颜师古曰:"苏(林)说非也,古谓掘地为坑曰方,今荆楚俗土功筑作箄程课者,犹以方计之,非谓避讳也。"③李贤曰:"方中,陵中也,冢藏之中,故言秘也。"④(唐)孔颖达曰:"凡天子之葬,掘地为方圹,汉书谓之方中。方中之内,先累椁于其方中,南而为羡道以属。车载柩至圹,说而载以龙 ,从羡道而入,至方中,乃属绋于棺之缄,从上而下,棺入于椁之中。方上,谓覆坑方石上。"⑤

由这些史料来看,所谓方中指的是帝陵中,用来设置冢圹(墓室),其内有椁室和羡道,其上以石而覆。实际上,"方"即为整个墓圹,包括墓道和墓室以及封土(石)。这样,《汉旧仪》略载西汉帝陵的内方即方内,外方即方外,也就是说方内指的是整个墓圹,包括墓道和墓室;方外指的是墓圹外围。无论方内,还是方外,都属陵这一整体。

整个帝陵用地七顷,而方中占七分之一,为一顷。除了西园后陵等用地之外,方外占的面积应该不小。这或许能说明方外也是一个重要的埋葬区域,为整个陵园的重要组成部分,当然不是核心部分,方中才是帝陵的核心。

还有一段史料对此也有参考价值,即:

《皇览》曰:汉家之葬,方中百步,已穿筑为方城。其中开四门、四通,

---

① 《汉书》卷五九《张汤传》注作"孟康曰:'方中,陵上土作方也。汤主治之。'"
② 参见《史记》卷一二二《酷吏列传》"以汤为无害言,大府调为茂陵尉,治方中"注。
③ 参见《汉书》卷五九《张汤传》"以汤为无害言,大府调为茂陵尉,治方中"注。
④ 参见《后汉书》卷一〇《邓皇后纪》"殇帝康陵方中秘藏"注。
⑤ 《资治通鉴》卷四九《汉纪四十一·孝殇皇帝》(中华书局,1956年)"丙寅葬孝殇皇帝于康陵,以连遭大水,百姓苦役方中秘藏"注。

足放六马。然后错浑杂物,杆漆缯绮,金宝米谷,及埋车马虎豹禽兽。发近郡卒徒,置将军尉侯。以后官贵幸者,皆守园陵。元帝葬,乃不用车马禽兽等物。"

这说明,围绕方中这个核心已形成了"方城",城内开四门,四通,埋葬各自器物。这个方城其实就是整个园陵,它包括方中(内方)和方外(外方)两个部分,其中核心部分为方中。

有学者提出,上述所言的内方也就是内藏,外方则即为外藏,这是有道理的。从服虔所言外藏椁的内容来看,婢妾和厨厩,与《皇览》外方所属内容有些相似。如果这样,那么所谓外藏椁应指整个墓圹之外的埋葬椁室了,也即帝陵方中外围所发掘的陪葬坑。

以上所分析的,只是西汉帝陵的正藏和外藏。那么诸侯王陵是否也会有这样的结构?

有的学者认为,"'外藏椁'为皇帝所专用,一般人不得使用,即使是皇帝恩赐,其规模也小。在大量所发掘的王侯及贵族墓葬中,目前发现使用'外藏椁'的不多","使用'外藏椁'的墓葬,均可使用'黄肠题凑',而使用'黄肠题凑'的墓葬,只有极少数的发现使用了'外藏椁'"①。而有的学者则认为,在西汉一段时间内诸侯王同样可使用外藏椁,而且围绕汉景帝阳陵帝陵墓室封土下面的81条坑应属墓葬的组成部分,是百官藏,并列举了西汉诸侯王陵的外藏椁情况,其中属黄肠题凑墓葬的有长沙望城坡渔阳墓,它的三个陪葬坑即为该墓的外藏椁;六安双墩一号汉墓,在墓葬旁边发现的3座车马坑即为该墓的外藏椁;大葆台一号汉墓,在距离封土顶深1米的夯土中,发现20多个汉代夹砂红陶罐,这与洛庄汉墓上层或中层坑一样,属外藏椁②。

---

① 吴小平:《"外藏椁"考》,《中国文物报》2002年6月14日。
② 刘瑞、刘涛:《西汉诸侯王陵墓制度研究》,中国社会科学出版社,2010年,330页、395页~397页。

这些认识，都是基于帝陵外藏椁的位置而立论的，即所谓外藏必须是位于墓室之外的丛葬坑或外藏坑。其实，"同制京师"的诸侯王，其陵墓既然能在梓宫、黄肠题凑、便房上仿效式僭越，那么他们在外藏椁方面亦能如此。再者，霍光这一列侯都能享受"外藏椁十五具"的礼制厚遇，诸侯王们未必不能享有这样的形制。汉代厚葬的风气也对之有所推动。但必须承认一点，尽管诸侯王可仿效帝陵外藏椁，但因每座诸侯王黄肠题凑墓的格局不一，墓室空间所限，陵园选择所限，故他们的陵墓中的外藏椁的位置不可能完全与帝陵一致，这与诸侯王陵的百官藏一样。有人认为，诸侯王陵的百官藏即为题凑墓中的回廊，包括题凑外的外回廊和题凑内的内回廊[①]。这些回廊在题凑墓中的位置，差异很大。不能因此，我们就否定百官藏的存在。

我们在分析诸侯王陵墓中的外藏椁时，不能以位置为必要条件，而是看其随葬内容的性质。既然能把墓室之外的车马坑看作外藏椁，为何不能把墓道内的车马坑也看作外藏椁？既然能把埋葬珍禽异兽的丛葬坑看作外藏椁，那么为何不能把墓室之内的埋葬同样性质的所谓藏阁看作外藏椁？

以往关于正藏的认识，无论是以黄肠题凑为界（含黄肠题凑之外的回廊），其内为正藏[②]；还是认为黄肠题凑之内（不含题凑之外的回廊）为正藏[③]；以及把诸侯王墓中的前室和棺房看作正藏[④]，这些分析都只是一个笼统概念，对于黄肠题凑墓葬，具体情况可能并不完全一样。

通过上述综合分析，帝陵形制包括两大部分，即方内与方外，方

[①] 刘瑞、刘涛：《西汉诸侯王陵墓制度研究》，中国社会科学出版社，2010年，388页。
[②] 段清波、张颖岚：《秦始皇帝陵的外藏系统》，《考古》2003年11期。
[③] 俞伟超：《汉代诸侯王与列侯墓葬的形制分析》，见《先秦两汉考古学论集》，文物出版社，1985年。
[④] 黄展岳：《汉代诸侯王墓论述》（《考古学报》1998年1期）、《西汉陵墓研究中的两个问题》（《文物》2005年4期）。

内包括梓宫、便房、黄肠题凑、百官藏和枞木外藏椁,以及羡道;方外为整个陵园中方内之外的部分。而对仿效式僭越的诸侯王来讲,他们有的使用黄肠题凑木墙,有的不使用黄肠题凑木墙。享用黄肠题凑木墙的墓葬,其所包含的内容也有差别。

第四章
大葆台西汉墓出土文物研究

一、文物定名与组合

  汉代上层贵族和王侯的丧礼和葬俗，较为浓厚地体现了"视死如生"思想，在墓室的形制和结构上模仿现实生活中的房屋，尽量将生人所用的器具、物品纳入墓中，甚至将房屋、田地和家禽、牲畜之类也制作成模型和偶像，以供随葬[①]。《盐铁论·散不足》所谓"厚资多藏，器用如生人"，说明了这一事实。同时，地下出土的大量实物亦证实了这一点。

  大葆台西汉墓均被盗，二号墓还被焚毁，文物留存不多，所余亦多残碎不全，且不少又被移动原位，这对一个诸侯王级别的大墓来讲，确属考古遗憾。尽管如此，除了保存较为完整的一号墓墓葬形制外，两墓还是出土了不少器物，约有1090件，其中一号墓850件，二号

---

① 李如森：《汉代丧葬制度》，吉林大学出版社，1995年，94页。

墓 240 件，可分陶器、铜器、铁器、玉石器、骨角牙器、漆木器、纺织品、车马器和其他共 9 类①。

（一）文物定名

大葆台汉墓发掘至今已有三十余年了，鉴于当时各种因素和有关条件限制，以及之后类似文化遗存发现越来越丰富，报告中的一些文物命名，值得我们重新分析。

陶器方面，如原报告称之为"钫"（图版四,1）：1 件，方形直口，弧壁，圈底，最大径在器身下部，四角起棱，底饰圆形和直形篮纹，泥质灰陶，里外壁施黑衣，轮制，高 60 厘米，口径 24.8 厘米，腹径 51.2 厘米。白云翔先生认为，这里的"钫"之定名有些不妥，因为，钫源自盛酒器的锺，《说文·金部》："钫，方锺也。"并根据大小和形制以及用途判断，这应是瓮的一种，称之为"方口瓮"②。

铜器方面，如原报告称之为"八棱兵器"（彩版二，1～3）：1 件，出土于内棺盖板上面，已压弯折。八棱，铁心外包铜，顶和柄端包银，器柄铁心外嵌金箔一圈，金箔两侧缠以丝绳，周身错菱形银纹和红铜丝涡纹。长 48.5 厘米③。而原发掘简报称其为"铜错银八棱棍"，似为棁类兵器④。后杨泓同志始正其名为棁⑤。《急就篇》卷三《右章第十六》颜师古注曰："棁，小梃也，今俗呼为袖棁，言可藏于怀袖之中也。

---

① 大葆台汉墓发掘组：《北京大葆台汉墓》，文物出版社，1989年，33页。陶器因都已压成碎片，有的已无法修复。报告所列数字中的陶器是指已修复者，非出土件数。另，数字中不包括出土铜钱数。
② 白云翔：《从北京大葆台汉墓论汉代物质文化的统一性与多样性》，见《汉代文明国际学术研讨会论文集》，北京燕山出版社，2009年，66页注㉖。
③ 大葆台汉墓发掘组：《北京大葆台汉墓》，文物出版社，1989年，38页~39页。
④ 北京市古墓发掘办公室：《大葆台西汉木椁墓发掘简报》，《文物》1977年6期。
⑤ 孙机：《汉代物质文化资料图说》，文物出版社，1990年，131页注④。

黄氏曰：'梲，大棒。'"

有学者还对大葆台汉墓出土的玉器重新定名①，虽然有些定名仍有讨论空间，但对我们认识这些器物，具有重要的参考价值。

对于漆器种类而言，发掘简报称，一号墓漆器有漆床、案、奁、盒及金银扣耳杯等。这与发掘报告所提及漆器种类基本相同，但报告中所言"卷云纹漆板"（图版四，2；彩版三，1）和"云龙纹漆器"（图版五，1；彩版三，2），均未给予明确定名。其原因之一，二者均残缺，整体信息不完整。然而，根据器物本身所留下的信息以及其他相关信息描述，初步判断，"云龙纹漆器"可能为瑟。枘（瑟之弦纽）的发现，可以为此提供佐证。而"卷云纹漆板"，可能为一件漆案，或即为孙机先生提及的彩绘漆案②。

同时，还有一问题值得在此加以说明或订正，即现复原陈设于大葆台西汉墓博物馆墓室之内的一件漆器，旁边说明牌上写着"漆榻"。而原报告或简报中无"漆榻"这一器物出土。有人认为其为漆案。但从位置来看，笔者认为其为发掘报告所言的漆床。

大葆台一号墓所出土的两件漆床，即云纹漆床（彩版四，1）与"黄熊桅神"漆床（图版五，2），出土于前室北端外椁门前东西两侧，呈对称状态，前者长2.735③米，宽2.075米；后者长3米，宽2.2米。从尺寸来讲，它们比较符合床的要求。（东汉）服虔《通俗文》："三尺五曰榻，板独坐曰枰，八尺曰床。"④以今制折合，则榻约长84厘米，

---

① 周南泉：《北京丰台区大葆台西汉墓出土玉器》，《收藏家》2001年8期。
② 孙机：《汉代物质文化资料图说》（文物出版社，1990年，216页）："北京大葆台西汉墓所出彩绘漆案，长约2米，宽约1米，装鎏金铜蹄足，应是豪贵之家所用的大食案。"这与报告中"卷云纹漆板"的尺寸相符，"长225厘米，宽90厘米，厚3.5厘米"。而且，大葆台一号汉墓同时出土了6件铜马腿，鎏金，蹄形足，发掘人员认为其为漆案之足，以及9件铜包角，鎏金，也为漆案包角。二号墓同样发现1件漆案包脚、12件铜马腿和7件铜包角，形式与一号墓相同。据此推测，二号墓也应有漆案。
③ 原报告误写为27.35米，今更正为2.735米。
④ （唐）徐坚：《初学记》卷二五《器用部》引，中华书局，1980年。

床约长192厘米。床比枰、榻都大，兼供坐、卧，一般为木制，也有石制者。

（二）嵌件与组合

战国秦汉时期，较高级的漆器上常常安装金属构件，施加在器物的不同部位上。金属主要为铜，其表面常常鎏金。此外，也有银质的金属构件，比较少见。金属构件主要是从实用的角度考虑，在漆器上施加金属耳、扣、纽、鋬、足、铺首衔环、包角等，使漆器更加坚固耐用。此外，漆器上还有装饰物，主要是为了使其更加美观，一般直接镶嵌在漆器上，有金属箔片、骨饰、玉片、蚌片、铜泡钉等，有的还在金属箔片上再镶嵌玛瑙、玉、水晶、琥珀、料器、珍珠、绿松石等作为装饰[1]。这在大葆台汉墓中也有体现，所出土的一些嵌件或饰件对于考察和复原一些随葬器物有重要参考价值。

一号墓在前室、后室和西面内回廊中出土6件铜马腿，大部分完整，鎏金，蹄形足，中空。后来在一些汉墓中也发现一些漆案，这些漆案的足都是这种马蹄形的[2]。故这些铜马腿为漆案之足。9件铜包角，部分已残，鎏金，形如直角形，为漆案包角。从残存的这些漆器饰件来看，一号墓是有漆案的。

再如8件四叶蒂形铜饰片，出土于前室和西、北面内回廊，部分残碎，鎏金，为漆盒或漆奁盖上的饰件。铜环(51个)、黑漆残盒底、黑漆残器腿、鎏金铜帽钉、嵌玛瑙珠漆器残件、玛瑙珠、红琥珀珠等，均为一些漆器上的饰件。发掘《简报》称，有的漆器上还嵌有艳丽鸡血红玛瑙、白玛瑙、玳瑁、云母、金箔等饰物（彩版四，2~4，彩版五，1~3）[3]。

二号墓因被火焚毁，故一些木胎漆器残存几无。但从一些留存的饰件，也能看出所随葬的漆器情况。如2件鸟雀形饰，出土于石案的南侧（石案

---

[1] 洪石：《战国秦汉漆器研究》，文物出版社，2006年，135页。
[2] 扬州市博物馆：《扬州西汉"妾莫书"木椁墓》，《文物》1980年12期，《扬州东风砖瓦厂汉代木椁墓群》，《考古》1980年5期。
[3] 北京市古墓发掘办公室：《大葆台西汉木椁墓发掘简报》，《文物》1977年6期。

出土于墓室前侧的正中)。一为扁平雀形,雀冠卷翘;一为鸟形,尾卷高翘,器底都有一圆孔,孔内尚存朽木,为漆器上的纽饰。漆案包角,出土于墓室北侧,长条形,内侧尚留木痕。12件马腿,2件出土于北部盗洞内,其他出土于墓室前部,大部分残缺和被火烧过,鎏金,形式与一号墓出土的相同,为漆案之足。由这些残存信息可以推测,二号墓随葬至少有3件漆案。此外,该墓还出土有帽钉、四叶蒂形饰片、环等,均为漆器上的一些饰件,与一号墓形式相同。这些说明,二号墓随葬漆器也很丰富。

至于组合,典型代表就是玉器。大葆台一号墓所出的2件玉璜(彩版六,1~2)和3件玉环(彩版六,5),因被盗扰而失去原来的位置,其组合关系不得而知,但属于组玉佩构成部分的可能性很大[1]。这种以玉环和玉璜为主要构件的组玉佩,与先秦时期以玉璜为主体的多璜组玉佩还是有所不同,而与广州南越王墓所出组玉佩的构成类似[2]。

另外,满城二号汉墓玉衣内胸部出土玉舞人、玉蝉、瓶形玉饰、联珠形玉饰、花蕊形玉饰以及水晶珠、玛瑙珠和石珠等,有考古人员推测这些玉饰和各种珠子原当为编缀在一起的串饰,佩戴在死者的胸前。其中,玉舞人作翘袖折腰之舞姿,上下部各有一个小孔,应系编缀在串饰当中起着承上启下作用的主要佩玉。大葆台二号汉墓墓主尸骨附近出土透雕螭虎纹玉佩(彩版六,4)、玉舞人(彩版六,3)、玉觿(彩版六,6)、玉鸽(彩版七,5)和火炬形玉饰。其中玉舞人也是翘袖折腰,窄袖更为修长,舞姿更为婀娜优美,上下也各有一个小孔;而火炬形玉饰,其器形与窦绾墓串饰中的花蕊形玉饰基本相同。上述这些玉饰都有可供穿系佩挂的小孔,也是一组以玉舞人为主要构件的玉串饰,与满城

---

[1] 卢兆荫:《满城汉墓玉器与大葆台汉墓玉器比较研究》,见《汉代文明国际学术研讨会论文集》,北京燕山出版社,2003年,51页~55页。
[2] 黄展岳:《丝缕玉衣和组玉佩》,见《南越王墓玉器》,两木出版社,1991年。

二号汉墓的串饰相类似①。大葆台汉墓出土玉器的组合关系，也反映了西汉晚期燕蓟地区玉器发展的地方风格。

除了上述提及的二号墓出土的玉饰件外，诸如一号墓出土的龟形玉饰件、螭虎玉饰件、镂孔条形玉饰件（彩版七，3）、瓶形玉饰件、鱼形玉饰件、圆形玉饰件、菱形玉饰件、三角形玉饰件、半弧形玉饰件、鸡形玉饰件、叉形玉饰件、半环形玉饰件、方形镂孔玉饰件、椭圆形玉饰件、方形玉饰件等，或为某玉器组合的一个饰件部分。这些均说明，大葆台汉墓玉器随葬之丰富与多样。

二、文物内涵及特点

(一) 陶器

就陶质来说，大葆台汉墓的陶器与同时期汉代墓葬出土的陶器大致相同；陶器的种类和器形也与其他地区西汉后期墓葬出土品大体一致。这些都反映出当时各地陶器的一致性。但是，关中地区西汉前期已经开始流行的模型明器井、灶、仓等，在大葆台汉墓未见到；而且，大葆台汉墓出土的方口瓮、盆形器等具有鲜明的自身特点②。

如两墓均出土方口瓮，其中一号墓出土1件，二号墓出土2件。陶质均为泥质灰陶，器形特征一致：方形口，直颈，斜肩，弧形壁，圈底，四角形成棱角，底部饰篮纹。这种方口瓮不见于其他地区的西汉后期墓，但在老山汉墓中曾出土多件，显然是具有地域特色的一种盛储器③。

---

① 卢兆荫：《满城汉墓玉器与大葆台汉墓玉器比较研究》，见《汉代文明国际学术研讨会论文集》，北京燕山出版社，2009年，51页~55页。
② 白云翔：《从北京大葆台汉墓论汉代物质文化的统一性与多样性》，见《汉代文明国际学术研讨会论文集》，北京燕山出版社，2009年。
③ 白云翔：《从北京大葆台汉墓论汉代物质文化的统一性与多样性》，见《汉代文明国际学术研讨会论文集》，北京燕山出版社，2009年。

还有二号墓出土的盆形器（图一四；彩版八，2）。泥质红陶，高20厘米，口径70厘米。平沿，壁微内弧，圜底，内底中央起一中空粗圆柱，柱面画格纹，上面应承托一器。盆沿饰凹三角曲线纹，内壁饰一周相连的涡纹和1条飞龙、3条游鱼和3只奔鹤。内底亦饰一周三角曲线纹和龙鱼双鹤纹。造型别致，纹饰生动。与此相似的器物迄今尚未见于其他地区西汉后期的墓葬，并且其纹饰别具一格[①]。

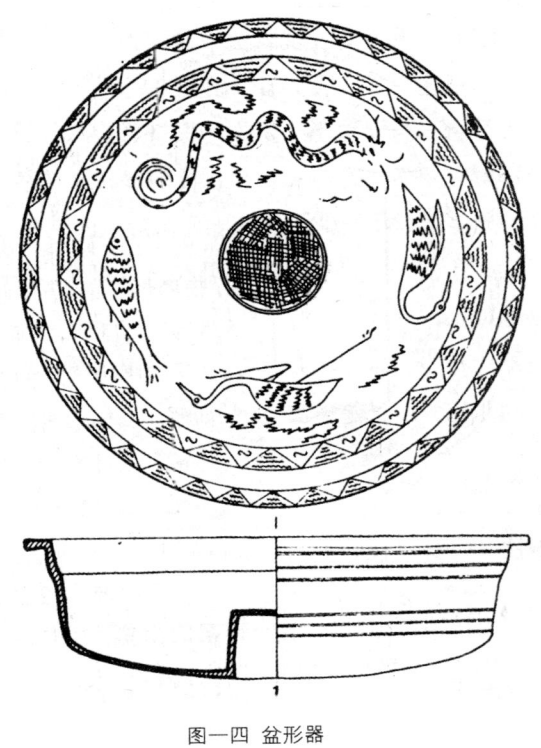

图一四 盆形器

---

① 黄展岳：《重温〈北京大葆台汉墓〉》，见《汉代文明国际学术研讨会论文集》，北京燕山出版社，2009年。

关于这件盆形器的用途问题，争议很大，至今尚无统一认识。有学者认为，类似这种盆形器，考古报告习称"中柱盂"，河南杞县龙山文化遗址中已出现，商周墓也有出土，云南西双版纳傣族民间至今仍有使用。从中柱盂大小不一、造型多样推测，用途可能不尽相同[①]。也有学者认为，盆底注水，中柱顶上置食物，或把食物放入器皿内，再把器皿放在中柱顶上，可防止虫蚁爬入觅食[②]。还有学者认为，中柱盂是点燃油脂的灯具[③]。更有甚者，把这与中国古代养鱼业相联系[④]。从盆形器的整体纹饰组合来看，恐怕很难与观赏养鱼相联，应有其他寓意。只可惜当时发掘没有发现或留下盆内物质遗存，故目前还无法确切推测其具体用途，只待同类器物出土来说明之。

此外，大葆台一号汉墓出土黑衣陶器（彩版八，1），器形规整匀称，黑衣色泽鲜亮厚重，品种和数量都比较多，是该墓出土陶器的集中体现。其胎质是经过淘洗的泥质红陶和灰陶，火候充足，质地坚硬。在陶胎烧成后，于器表或表、里施以黑衣。如陶盘，共四式，有里施红漆衣，外施黑衣，也有里、外均施黑衣，或里施黑衣，或外施黑衣。这种黑衣陶器比较少见，过去在山东临沂银雀山西汉墓、河南洛阳金村战国墓和湖北云梦西汉墓中曾有出土。

（二）铜铁器

镶玉铜枕 丧葬用枕始于何时，目前还难以确定。《周礼·天官·玉府》："大丧共含玉，复衣裳。角枕、角柶。"郑玄注曰："角枕以枕尸。"《仪礼·士丧礼》："士举迁尸，反位，设床第于两楹之闲，衽如初，有枕。"由此而言，至迟在两周时丧葬用枕已成为一种定制。

---

① 黄展岳：《重温〈北京大葆台汉墓〉》，见《汉代文明国际学术研讨会论文集》，北京燕山出版社，2009年。
② 宋豫秦：《中柱盂功用的民族志类比》，《中原文物》1991年4期。
③ 孙机：《中国圣火》，辽宁教育出版社，1996年，6页~9页。
④ 邢景旺：《汉代盆型器初识·大葆台和窦店出土红陶盆型器》，《劳动午报》2008年11月18日。

两汉时期，一些墓葬中出土的枕，质料复杂、多样，包括玉、竹、木、铜、石、纺织品等多种材质，其中复合胎质为多。据有关学者统计，目前还没有发现单纯的竹枕，都是与木等合制；单纯的木枕，有的髹漆，有的还有彩绘；单纯的玉枕也有，少见，多与铜、木、竹等合制，有的还嵌金箔等；单纯的铜枕有，少见；纺织品质料的枕，均以纺织品为囊，内填充他物以为枕[1]。

学术界关于出土枕的类型划分，多有不同[2]。笔者比较赞同把铜枕、镶玉铜枕和玉枕三类合称为铜玉枕，而镶玉铜枕又可分为联体式镶玉铜枕、分体式镶玉铜枕两种[3]。研究者又通过考古学考察，指出镶玉铜枕中联体式的使用时间是西汉早中期，分体式的使用时间是西汉晚期[4]。

大葆台一号墓后室北侧内椁底板上，出土1件"龙头枕"（彩版九，1～2），为枕的一端构件（另端缺）。龙头鎏金，作张嘴吐舌蹲坐状，用圆水晶做眼睛，青玉做牙、舌和双角。造型别致生动。高20.5厘米，宽8.5厘米。发掘简报称其为"铜鎏金嵌玉龙头"，而发掘报告简单称其为"龙头"。江苏徐州拖龙山西汉墓M3出土枕两端的铜龙头，木质枕身已朽，其形制与北京大葆台一号墓出土铜龙头极为相似，以青白玉做牙、舌、角并将其镶嵌于额头、颈、腿处，龙头长10.8厘米，宽5厘米，高19厘米。该墓年代为西汉晚期，墓主为列侯或更高身份，可能为楚王家族成员[5]。后来研究者，有的归其为"青铜嵌玉玉枕"，此枕体有铜框镶玉和木芯贴玉两种可能性[6]。而有的学者则归其为"U"形嵌玉铜枕[7]。还有学者归其

---

[1] 洪石：《战国西汉墓出土竹木枕及相关问题》，见《汉长安城考古与汉文化》，科学出版社，2008年。
[2] 王永波、刘晓燕：《汉代王侯的陵寝用枕》，《东南文化》1998年4期；赵赟：《试论汉代玉枕》，《文物世界》2009年6期。
[3] 洪石：《汉代铜玉枕研究》，《考古学集刊》第18辑，科学出版社，2010年。
[4] 洪石：《汉代铜玉枕研究》，《考古学集刊》第18辑，科学出版社，2010年。
[5] 徐州博物馆：《徐州拖龙山五座西汉墓发掘简报》，《考古学报》2010年1期。
[6] 王永波、刘晓燕：《汉代王侯的陵寝用枕》，《东南文化》1998年4期。
[7] 赵赟：《试论汉代玉枕》，《文物世界》2009年6期。

为镶玉铜枕，由铜龙头附近还出土一些玉器推测，枕身可能也镶嵌玉片，以木为枕身的可能性为大①。笔者同意第三种说法。

大葆台一号汉墓出土的"镶玉铜枕"，与满城汉墓出土的"镶玉铜枕"也很相似，不过仍有一定差异，即前者属"分体式镶玉铜枕"，后者属"联体式镶玉铜枕"②。

从使用功能来讲，汉墓中出土的铜玉枕是作为殓葬用具使用的，具有使用功能。同时，有的还是一种葬玉。葬玉是指专门为保存尸体而制造的随葬玉器。北京大葆台一号墓和江苏徐州拖龙山西汉墓 M3 出土的分体式镶玉铜枕与山西阳高古城堡西汉宣帝时期墓葬 M12 出土嵌玉木枕形制基本相同，而古城堡 M12 出土嵌玉木枕专为丧葬而制，据此推测北京大葆台一号墓和江苏徐州拖龙山西汉墓 M3 出土的分体式镶玉铜枕，也专为丧葬而制③。

铜虎镇　　汉代人们都是席地而坐。所谓席地而坐，有两种情况，一种是在长条形榻和正方形枰上，铺席而坐；另一种是在地板上铺席而坐。但是，席作为坐具，有两个缺点：一是人们在起身和落坐时，席常常随着身体的动作而移动；二是席子容易卷角。所以，人们一般要在坐席四隅，置镇以压，使坐席较稳④。对此，汉代人有所记载，如《楚辞》九歌湘君："白玉兮为镇。"（东汉）王逸注："以白玉镇坐席也。"（西汉）邹阳《酒赋》："安广坐，列雕屏，绡绮为席，犀璩为镇。"《西京杂记》卷一："赵飞燕女弟居昭阳殿……白象牙簟，绿熊席……有四玉镇，皆达照，无瑕缺。"

---

① 洪石：《汉代铜玉枕研究》，《考古学集刊》第18辑，科学出版社，2010年。
② 洪石：《汉代铜玉枕研究》，《考古学集刊》第18辑，科学出版社，2010年。
③ 洪石：《略论西汉墓葬中出土的木枕》，见《探古求原考古杂志社成立十周年纪念学术文集》，科学出版社，2007年；《汉代铜玉枕研究》，《考古学集刊》第18辑，科学出版社，2010年。
④ 傅举有：《汉镇艺术的殿堂》，原载于台湾《历史文物月刊》第八卷第一期，后收入其所著《中国历史暨文物考古研究》，岳麓书社，1999年，213页~227页。

除了坐席用镇之外，汉代博戏的博席也要用镇。《说文》："博，镇压也。"这是《说文》对"镇"字的唯一解释，说明汉代人们博戏用镇的普遍性和重要性，并不亚于坐席用镇[①]。有的汉墓博局与博镇同出[②]。

（西汉）扬雄《方言》说："所以投博谓之枰，或谓之广平。"这又涉及博、枰与镇的关系。枰上铺席，席上置六箸，供双方共用。有时投箸不用枰，而只用席的。如湖北省江陵凤凰山八号汉墓出土的一套博具，墓中遣策（随葬品清单）记载："博、算、桐、博席一具、博橐一。"这套博具就没有枰，只有博席。投箸时，一般都在博席的四隅置镇，压住席子，使其安定。这种用博镇压住博席四隅的情况，我们可以在许多汉画像石和画像砖的博戏图中看到。

孙机先生最初认为镇只有坐席镇而无博席镇[③]，后改变了这一认识。他提出，枰有两种，一种是坐具，即汉代服虔《通俗文》所说"板独坐曰枰"；一种是玩六博时投箸用的，即汉代扬雄《方言》所说"所以投博谓之枰"。这就难以断定出土的枰到底算哪一种？其上所置之镇也随之难以断定是坐席镇还是博镇了。通过重新考察考古与文献资料，他认为，讲究的博具则既有席，又有枰，席铺在枰上。这类博席也用镇压住四角。山东微山两城与四川新津出土的汉画像石之六博图中，在枰之四角都刻划出4枚圆形物，新津图中枰上之圆形物还明显地凸起来，所表现的无疑是博镇。《说文》所谓"博压"亦即此物。虽然坐席镇与博镇是共存的，但要将二者区分，还是比较困难的。目前似乎只能笼统地说，大约高4厘米左右的小型镇中可能有博镇，而高度近10厘米的大型镇可能大部分是坐席镇[④]。

[①] 傅举有：《汉镇艺术的殿堂》，原载于台湾《历史文物月刊》第八卷第一期，后收入其所著《中国历史暨文物考古研究》，岳麓书社，1999年，213页～227页。
[②] 广西壮族自治区文物工作队：《广西西林县普驮铜鼓墓葬》，《文物》1978年9期。
[③] 孙机：《汉镇艺术》，《文物》1983年6期。
[④] 孙机：《坐席镇与博镇》，《文物天地》1989年6期。

为了使所镇之物安定，汉镇是用金属或玉石等比重大的材料制成的。有的为了增加镇的重量，还在镇体内灌铅、沙、铁。汉镇的重量，一般多在500克～1000克之间，但个别小书镇，有不到200克的，也有个别用于大型祭祀的大席镇，重9000克，达18市斤重。镇虽然很重，但体积不大，一般高2.5厘米～10厘米，底径6厘米～15厘米，上小下大，重心极低，是很难碰倒的。为了防止人们在起身落坐时牵绊衣服，动物造型多作蟠伏状态。

镇是汉代节日、喜庆、宴会、祭祀、朋友聚会及人际交往中的一种摆设，它能给人以艺术享受，能显示出主人高雅和富有的身份，因而人们刻意去追求它的艺术性。如博戏人物镇、虎镇、豹镇、羊镇、熊镇、鹿镇、辟邪镇和天禄镇、狮镇、龟镇、龙蛇镇、禽鸟镇、天马镇、卧牛镇、黄金伏兽镇、二兽相搏镇、骆驼镇、人物镇、山形镇、素面铁镇。这主要是从造型来划分的。如果从材料和结构来划分，可以分为铜镇、玉镇、铁镇、金镇等，其中铜镇、玉镇为多，特别是铜镇最多。

北京大葆台二号墓前室东侧出土一件铜虎镇（彩版一〇，4），已烧残，圆座上铸一侧首屈肢盘卧之猛虎，虎作张嘴瞪目之状。座底有一方孔，有些部位尚能清楚地看出阴线条，高5.5厘米，底座直径8.5厘米。发掘报告称其为虎，发掘简报称其为铜虎。后在复原陈列时，改为虎镇。

虎镇是常见的汉镇，汉墓中常有出土。河北省阳原北关汉墓出土四件鎏金卧虎铜镇，内灌铅以增加重量，1983年山西省朔县城北第三生活区一号西汉墓出土铜虎镇四件，北京故宫博物院典藏一件青玉卧虎镇，江苏省南京小龟山西汉崖墓、陕西省西安市小白杨村西汉墓、山西省浑源县毕村二号西汉墓、河北省定县北庄东汉墓、河南省汉墓等均有铜虎镇出土。

这些虎镇，多作半球体形，圆平底。高一般在3厘米～8厘米之间，底径多在5厘米～10厘米之间，重心很低。它们的特点，是把圆雕、线雕巧妙地融汇在一起，有些抽象线条，如以弧线表示虎的斑纹，运用恰到好处，能给人以质感。其次是有意刻画虎威猛的个性特点，因而充满活力，栩栩如生①。

这也说明，大葆台二号墓出土的铜虎为铜虎镇，是没有问题的。那么这件铜虎镇是席镇还是博镇？

大葆台二号墓在前室东侧出土虎镇的同时，还在墓室前侧正中出土一件石案（图版六，1），已残，花斑石，正方形，长宽各78厘米。1978年河北省邢台南郊西汉墓，出土四只铜羊镇，出土时，羊镇置于边长69厘米的大理石石案四角；河北省定县四〇号汉墓出土一件铜足方形石案，案上四角各置一枚错银镶松石铜羊镇。据有关专家估计，这石案上原是有席的，因席为有机物，历经两千年，已朽没不存，故只剩下案和铜镇了②。但孙机先生认为这不能称之为石案，而是一种枰：河北邢台西汉刘迁墓、定县西汉刘修墓、怀安北沙城6号西汉墓、山西阳高古城堡12号及17号西汉墓均出土四个一套的镇，它们出土时有的还放置在石或木制枰面的四角；有的枰虽朽失，但四个镇分布成正方形，仍保持着原来的位置③。虽然我们无法确切判断大葆台二号墓出土的石案或即石枰，但推测其应与虎镇是一体的。这样，二号墓出土的铜虎镇应为博镇。根据一号墓出土的所谓石案及相存的六博棋，推测该墓也应随葬有博镇，只不过被盗。

铜镜 大葆台一号汉墓共出土四枚铜镜，即星云纹镜（彩版一〇，1）、昭明镜（2件）（彩版一〇，3）和四螭纹镜（彩版一〇，2），均出土于后室北侧内椁底板上，已压碎。这三种铜镜，都是西汉中后期常见的铜镜类型。与此基本相同者，在今西安一带出土汉代铜

---

① 傅举有：《汉镇艺术的殿堂》，原载于台湾《历史文物月刊》第八卷第一期，后收入其所著《中国历史暨文物考古研究》，岳麓书社，1999年，213页～227页。
② 傅举有：《汉镇艺术的殿堂》，原载于台湾《历史文物月刊》第八卷第一期，后收入其所著《中国历史暨文物考古研究》，岳麓书社，1999年，213页～227页。
③ 孙机：《汉镇艺术》，《文物》1983年6期。

镜中均可见到，其基本纹样及其布局都相同，只是细部略有差别而已①。这几枚铜镜，特别是四螭纹镜（有的称为"四乳四虺纹镜"、"变形四螭纹镜"），对大葆台汉墓断代有非常重要的参考价值，后文将详尽述之。

渔阳铁斧 据文献记载，西汉时期，燕蓟地区所属渔阳郡渔阳县就设有铁官②，东汉时期，渔阳郡渔阳县和泉州县均设有铁官③。渔阳郡在两汉之际之所以能在战乱中发展，就是得益于盐铁经营。《后汉书·彭宠传》载曰："是时北州破散，而渔阳差完，有旧盐铁官，宠转以贸谷，积珍宝，益富强。"

考古发现今北京地区两汉时期设有铜铁冶坊。1954年11月，在清河镇西约1公里的朱房村，抢救发掘一座古城废墟中存在的一处汉代铜铁冶坊遗址，发现炼炉已不完整，铜、铁炉渣、残碎的炼炉壁、铜镞等很多，还有绳纹砖砌的残墙一堵。此前还在此附近掘出一堆铁刀、剑、戟、锄、裤铲、镜等许多铁兵器和铁农具，可能就是这一冶坊的产品④。

大葆台一号汉墓在其北面外回廊隔板外侧内出土一件铁斧（彩版一〇，5），刃部锋利，斧面光洁呈暗红色，一面铸有凸起的"渔"字，发掘报告认为其为渔阳郡铁官作坊标记，系首次发现。这又从另一方面说明汉皇朝盐铁官营在国家政治制度中占有非常重要的比重，发挥了显著的政治控制作用。

另外，一号墓出土的10件铁器，经北京钢铁学院作金相检查，3件为铸铁，2件为块炼铁，其余4件均为生铁在固态退火脱碳成为钢件，然后加工而成。它们的共同特点是夹杂物极少，其性质与生铁中夹杂相似⑤。

---

① 白云翔：《从北京大葆台汉墓论汉代物质文化的统一性与多样性》，见《汉代文明国际学术研讨会论文集》，北京燕山出版社，2009年。
② 《汉书》卷二八《地理志》。
③ 《后汉书·郡国志》。
④ 北京市文物研究所编：《北京考古四十年》，北京燕山出版社，1990年，97页~98页。
⑤ 大葆台汉墓发掘组：《北京大葆台汉墓》附录一〇《大葆台汉墓铁器金相检查报告》，126页。

1974年在河南渑池出土的汉魏晋南北朝窖藏的铁器中，曾发现一批铸造成型的铁钺具有低碳钢的成分和组织，最后确定系用生铁铸成后退火脱碳而成[①]。这就在当时可以达到的条件下发展了炼钢的工艺之外，又创造了铸铁固态脱碳成钢这一新的工艺方法，把我国春秋末期发明的生铁的应用提高到了一个新的水平。可以说，北京大葆台一号墓出土的铁器，是我国目前发现的最早铸铁脱碳钢实例[②]。这在世界冶金技术发展史上都有重要意义。同时，这些铁器的出土，也说明西汉中期铁业官营以后，钢铁冶炼技术有了较大发展。

　　除了以上这些重要铜铁器外，还有诸如铜豹等器物，也是很有特点的器物。这件铜豹（彩版一〇，6），出土于一号墓前室，作回首半卧状，一爪上铸有一圆孔，神态生动有力，高4厘米。发掘报告推测其可能为一器纽。

（三）玉器

　　玉器主要有礼仪用玉、丧葬用玉、装饰用玉和日常用玉四种[③]。大葆台汉墓共出土玉器75件，虽然数量较少，不少玉器已被移动，离开了原位，因而对大葆台汉墓玉器的全貌以及原来的组合关系等认识，受到很大的局限。但大葆台汉墓所出玉器，基本具备古典玉器类型，有礼仪用玉、丧葬用玉和装饰用玉等，从中还是能看出一些汉玉风格和地方特色的。

　　大葆台汉墓出土的礼仪用玉，只有玉璧，没有玉圭。两墓共出土5件玉璧，其中素面璧和谷纹璧各1件，另3件则饰透雕动物纹。透雕动物纹玉璧的纹饰风格与汉代传统的玉璧迥然不同，应是西汉中期

[①] 李众：《中国封建社会前期钢铁冶炼技术发展的探讨》，《考古学报》1975年2期；渑池县文化馆，河南省博物馆：《渑池县发现的古代窖藏铁器》，《文物》1976年8期。
[②] 林剑鸣主编：《秦汉社会文明》，西北大学出版社，1985年9月第1版，1998年6月第2次印刷，93页。
[③] 卢兆荫：《略论汉代礼仪用玉的继承与发展》，《文物》1998年3期。

以后新出现的玉璧纹饰。3件透雕动物纹玉璧中,1件已残缺,另2件分别透雕双象纹和龙凤心形纹(彩版八,3)。后者璧的中间雕出韘形玉佩的心形主体,两侧的龙凤纹象征韘形玉佩两侧的透雕附饰,这是玉璧与韘形玉佩两种器类相互结合的一种新的艺术风格。也有学者认为,这件玉器属于西汉中期韘形玉饰的一种形式[①],亦可备一说。

丧葬用玉方面,大葆台一号汉墓墓主尸骨旁出土两片玉衣残片(彩版七,4),从而可以判断墓主原来也是殓以玉衣,而且可能还是金缕玉衣;因为是金缕玉衣,所以盗掘者将整套玉衣全部盗走,只遗留两片残碎的玉衣片。大葆台二号墓虽未出土有孔的玉衣片,但在棺床西侧和北侧以及盗洞内,发现方形、长方形等形状的玉片十余片。考虑到满城中山王后窦绾的玉衣,其上衣的前后片结构特殊,玉片之间不是以金丝编缀,而是以织物、丝带粘贴编联而成。这种结构的玉衣片,没有穿孔,埋藏日久,很容易散开。大葆台二号墓的墓主为广阳王后,其玉衣上衣的前后片如果也是这种结构,在被盗过程中,玉衣片散落在棺床上和盗洞内则是完全可能的,至于其他以金丝编缀的部分,则全部被盗走。如果这种推断正确的话,那么广阳王后也是殓以金缕玉衣,其上衣前后片的结构与满城中山王后窦绾的玉衣相类似。当然,这只是一种推测而已。

大葆台汉墓未发现形制完备的玉九窍塞,但从二号墓墓主尸骨附近出土1件耳塞(彩版七,2)考虑,不能排除这两座墓原来也有玉九窍塞的可能性,只不过因被盗而仅存1件耳塞。大葆台汉墓亦未见玉握,可能也是被盗走的缘故。只在一号墓出土有与玉衣配套的镶玉铜枕,它与玉衣残片同出在墓主人骨附近。这件铜枕虽然枕身和另一端龙首已不存,但可看出其造型风格与满城汉墓的镶玉铜枕基本相同,两端的龙首也是鎏金并镶嵌玉饰,如果保存完整,其华丽程度可能不

---

① 杨建芳:《玉韘及韘形玉饰——一种玉器演变的考察》,见《中国古玉研究论文集》,台北:众志美术出版社,2001年。

亚于刘胜墓的镶玉铜枕。

装饰用玉方面，大葆台一号汉墓，在后室北面内椁底板上出土两件玉璜和一件玉环，在前室和北面内回廊中也各出土一件玉环。两件玉璜的器形基本相同。一件为素面，两端及中部上方各有一穿孔。另一件刻有纹饰，左端和中部上方各有一穿孔，从器形和纹饰观察，其右端应有残缺，因而少了一个穿孔；所刻纹饰，发掘报告称为"阴刻回纹"。关于这件玉璜的纹饰和制作年代，学者有不同的看法。有的认为，其纹饰为"秦式龙纹"，并指出"应为战国遗物"[①]。还有学者称其纹饰为"方折几何形状的秦式龙纹"，并认为该器"应定名为春秋秦式龙纹玉璜"[②]。看来这件玉璜应是前代遗留下来的旧玉。该墓所出的3件玉环，大小不一，其中1件孔内嵌红色玛瑙珠一颗，背面残留阴刻涡纹，边缘饰弦纹一周。上述这些玉璜和玉环，因被盗扰而失去原来的位置，其组合关系不得而知，但属于组玉佩构成部分的可能性很大。

从考古资料考察，汉代玉舞人主要出在诸侯王配偶或其亲属的墓中，它是汉代贵族妇女喜爱的一种佩玉。玉舞人之所以成为汉代贵族妇女串饰的主要构成部分，与当时的社会历史背景有着密切的关系[③]。汉代是中国历史上音乐舞蹈繁荣发达的时期，当时帝王的后妃多能歌善舞。广阳王刘建之父燕王刘旦，在他畏罪自杀前，华容夫人还为之悲歌起舞[④]。而玉舞人正是汉代妇女翩翩起舞的真实写照[⑤]。

玉佩是汉代最为常见的另一种玉器类型，有组玉佩和单件玉佩两

[①] 杨建芳：《春秋秦式玉雕及其相关问题》，见《中国古玉研究论文集》，台北：众志美术出版社，2001年。
[②] 刘云辉：《西汉墓葬中出土的秦式玉器》，《故宫文物月刊》第17卷第3期。
[③] 卢兆荫：《玉德•玉符•汉玉风格》，《文物》1996年4期。
[④] 《汉书》卷六三《武五子传》。
[⑤] 卢兆荫：《满城汉墓玉器与大葆台汉墓玉器比较研究》，见《汉代文明国际学术研讨会论文集》，北京燕山出版社，2009年。

大类。大葆台汉墓的这件玉佩属于单件佩带的玉佩，但其形制和纹样在其他地区尚未见到，其自身特色突出。玉觿是汉代贵族经常佩带的一种佩玉，一般为扁平片状，作弯曲尖爪形，西汉中期以前多雕琢成龙形，而西汉后期或雕刻成龙形，或雕刻成凤鸟形①。大葆台二号墓出土的玉觿，白玉质，扁平长条形，两面镂孔线刻回首飞凤。这符合西汉后期的玉觿风格。

此外，剑和剑鞘上的玉饰，也应属于装饰用玉。玉剑饰包括剑上的玉剑首和玉剑格，以及剑鞘上的玉剑璏和玉剑珌。大葆台汉墓未发现剑和玉剑饰，而在一号墓中出土两件螭虎纹玉饰件（彩版七，1），其中一件作长条形，上面浮雕一只曲身回首的螭虎，从器形和纹饰观察，或系由玉剑璏改制而成的饰件②。

虽说大葆台汉墓的玉器只是劫后残余，但仍然可以看出西汉中晚期玉器发展演变的若干轨迹。③

对大葆台汉墓出土玉器的产地及其来源，也有学者作过探讨。如有的学者提出，大葆台汉墓与其他西汉后期墓葬出土的甚为相似乃至相同的玉舞人、玉觿等出自同一玉器作坊的可能性未必没有④。还有学者指出，从墓中出土玉器观察，两墓采用的玉料，均质优坚硬，洁白温润，无疑是产自新疆南部和田地区的白玉，从而说明，史载西汉时汉武帝通西域以后，该地优质美玉源源不断运入内地做器的事实⑤。

此外，还有学者对大葆台汉墓出土玉器的风格及其特点作过综合性

---

① 卢兆荫：《玉觿与韘形玉佩》，《文物天地》1995年1期。
② 卢兆荫：《满城汉墓玉器与大葆台汉墓玉器比较研究》，见《汉代文明国际学术研讨会论文集》，北京燕山出版社，2009年。
③ 卢兆荫：《满城汉墓玉器与大葆台汉墓玉器比较研究》，见《汉代文明国际学术研讨会论文集》，北京燕山出版社，2009年。
④ 白云翔：《从北京大葆台汉墓论汉代物质文化的统一性与多样性》，见《汉代文明国际学术研讨会论文集》，北京燕山出版社，2009年。
⑤ 周南泉：《北京丰台区大葆台西汉墓出土玉器》，《收藏家》2001年8期。

分析，指出，"就大葆台汉墓留下的玉器看，其基本情况虽离不开西汉通常所见的内容，但具体到各件玉器的造型和形式，则多有长足的发展或变异。有些玉器动物造型的发现也很例外，如所见的玉鸽、玉象纹等，在西汉墓玉器中从未见，而仅在此处首次发现，很有研究价值"。并据以往西汉玉器和文献记述推测，"这件玉鸽有可能是被汉高祖刘邦视为恩鸟的玉鸠，其之用通常作老人的杖首嵌饰物，以此纪念恩鸟和推崇敬老尊老之德"①。笔者认为，从该墓中出土木杖来看，这对玉鸽不可能为恩鸟之玉鸠，或为墓主人生前喜好之动物的明器化随葬。

（四）漆木器

战国秦汉时期的漆器，无论从数量、种类、制作、髹饰，还是从对外影响的角度来说，都堪称中国漆器发展史上的一朵奇葩，值得人们去研究、鉴赏②。从目前的统计资料看，除西藏、青海、宁夏、海南、吉林、黑龙江、福建、台湾、天津及上海基本上还没有漆器出土外，其他各省、自治区、直辖市都有出土，但以南方地区特别是湖北、湖南、江苏地区出土的数量多、保存好。北方地区出土的漆器不但数量较少，而且保存状况不佳③。

大葆台1号墓中发现了一批漆器，大都是楠木胎，少数是夹纻胎（铜扣耳杯、漆奁、漆盒）。铜扣漆耳杯则是内为朱漆地，外为黑漆地，口沿朱漆花纹，外饰铜扣，是属所谓"银口黄耳"的高级漆器。有的漆器外表镶嵌圆形白色玛瑙，同时还发现有长方形鸡血红玛瑙、三角形橙黄葡萄状玛瑙，以及玳瑁、云母片等，有可能皆属漆器上的镶嵌饰件。特别是异形漆器（云龙纹漆器），正面朱漆地,黄、黑漆绘有升龙、天马、丹凤、奔鹿；背面黑漆地，朱、黄漆绘有升龙、天马、天鹅。正、

---

① 周南泉：《北京丰台区大葆台西汉墓出土玉器》，《收藏家》2001年8期。
② 洪石：《战国秦汉漆器研究》，文物出版社，2006年，1页。
③ 洪石：《战国秦汉漆器研究》，文物出版社，2006年，8页。

背两面皆饰有流云纹。这件漆器不仅造型小巧玲珑,而且所绘制的升龙、天马、丹凤、奔鹿交织穿插,组成对称而又生动的立体图案,这是汉代漆器中罕见的精品,同时也是件艺术价值很高的汉代绘画作品[1]。

北京地区除了大葆台汉墓出土了大量漆器外,其他一些汉墓也出土了部分重要漆器。如老山汉墓就出土了大量的漆器制品以及漆器构件等,这在北方汉墓中极为罕见。而且出土的漆器规格高、种类多,制作精美,如大型漆案、耳杯、盒、壶等,为不可多得的漆器精品[2]。北京怀柔东汉砖室墓曾出土漆器1件,器形为漆奁,顶盖镶嵌鎏金柿蒂饰片,内有四个小盒,其形制与奁相同。昌平史家桥汉墓也曾出土漆器一件。顺义临河汉墓(东汉晚期),所出漆器大部分已朽,仅保留有鎏金铜饰件。器形有漆奁、长方盒和耳杯等,集中放在前室西北角。而且该墓所出的陶器,均为细泥灰陶质,器表涂黑,器里涂朱,应是仿漆器的明器,北京东南郊三台山东汉墓,出土有残漆盒[3]。此外,还在北京琉璃河燕国墓地发现有豆、罍、觚、壶、簋、杯、盘、俎、彝等漆器。其中豆和罍上镶嵌有蚌片、蚌泡,并饰有蚌片和漆绘构成的饕餮纹。觚的器身镶三道金箔,在下面两道金箔上镶嵌有绿松石。两条金箔之间,雕刻出三个变形夔龙纹,以绿松石为目[4]。

木器方面,代表性器物为一号墓出土的"杖"。发掘报告言:

木杖(鸠杖)1件(284)。出土于中棺盖板上。已被外棺压扁。

---

[1] 北京市文物研究所编:《北京考古四十年》,北京燕山出版社,1990年,107页。

[2] 宋大川:《近年来北京考古新成果》,《北京文物与考古》第五辑,北京燕山出版社,2002年。

[3] 北京市文物研究所编:《北京考古四十年》,北京燕山出版社,1990年,107页~113页。

[4] 中国社会科学院考古研究所琉璃河考古队等:《1981~1983年琉璃河西周燕国墓地发掘简报》,《考古》1984年5期。

为天然木略经加工而成,上涂一层薄漆。长90厘米(图版六,2)。

对其名称,报告作了两种陈述:木杖与鸠杖,并不明确;而对其用途和文化内涵,则没有谈及,只是简单描述了出土位置和基本特征。

从汉代"杖"的出土情况看,既有"几杖",又有"鸠杖",还有较为单一而实用的"手杖"。其中,鸠杖出土最多[①]。据学者统计,新中国成立后的考古发掘中,共发现铜鸠杖18件(其中先秦14件,汉4件),汉木鸠杖12件,汉鸠杖画像石14幅[②]。其中,大部分为鸠杖首,仅有少数保存较为完整。

首先,大葆台西汉墓出土的这一根杖,如果从几杖形制来讲,仅为"杖",无"几"出土,说明其不可能为几杖制度中的"杖"。但如果从几杖制度内涵来讲,它倒也有些相似,即通过设几杖之礼来尊老而尊君,从而维护汉代大一统社会秩序和国家制度。说这根杖,为宣帝赐予刘建,也是有可能的,目的是为了体现帝王恩德,同时也告诫刘建不能再有任何背汉离宗的想法或行为,这与文帝赐吴王刘濞、汉武帝赐淮南王刘安的政治目的基本一致。

其次,从文献史料和考古资料综合考察,大葆台西汉墓出土的杖,无论从外形,还是内涵而言,都与王杖(鸠杖)不符。因此,可以肯定,它不是所谓的王杖(鸠杖)。

关于汉代手杖,也出土了一些。1976年,在广西贵县罗伯湾一号汉墓五号殉葬棺内出土了一根木杖,是用一树枝剥去树皮稍加修整制成,枝桠近似垂直以作杖首,杖身是枝条,末端包裹铜箍,通长136.0厘米,杖首横长20.5厘米。五号殉葬坑位于整个汉墓后室东边棺室底板下,经鉴定,死者为十三岁左右的男性少年,木拐杖就置于

[①] 关于鸠杖起源问题,也有了较为深入的认识。目前,学者基本认同鸠杖起源于原始部落的权杖,与远古先民的鸟图腾崇拜有关。(郭浩:《汉代王杖制度若干问题考辨》,《史学集刊》2008年3期;李立:《"鸠杖"考辨》,《深圳大学学报》2008年2期。)
[②] 郭浩:《汉代王杖制度若干问题考辨》,《史学集刊》2008年3期。

死者胸前，右侧有带鞘铁剑二件，另有铁书刀一件。关于五号坑殉人的身份，发掘报告从其年龄、随葬器物以及整个殉葬坑人身份进行推断，认为他应是墓主人生前的侍从①。虽说这根木杖是葬于墓主人侍从所在殉葬坑内，但其应为墓主人生前享用之物。它与大葆台一号汉墓出土的杖，制作方式基本一致，只是长短不一。

我们还可再举两例来说明这一点。1959年在甘肃武威磨咀子汉墓中也出土了两根木棍，分别出自16号、17号墓棺盖上，长短粗细不一，已残断。其中，17号墓所出土一根长71厘米，有使用的磨痕。发掘人员认为，这好像是死者生前的拐杖②。1973年在江苏连云港海州霍贺墓中也出土了一根木棍，为一节未经修饰的树枝，仅削去叉枝，断为二，全长1.19米，棍粗2.3厘米~2.6厘米。发掘人员也认为，这根木棍可能是死者生前的拐杖③。我们再看，它与鸠杖一起，同出于男棺旁南边厢，显然不具有鸠杖相同的内涵。因此，笔者认为，这三根所谓木棍，很可能是墓主人即将要修饰加工并使用或已使用过的手杖，与大葆台汉墓、罗伯湾汉墓出土的木杖是一种类型，即实用意义上的手杖。

对于手杖，有的学者也指出，从件数来看，无论是战国，还是汉代，随葬物中如有手杖，只有1件，往往为墓主人所用，比较光滑乃至有些磨损；从质料来看，手杖一般为木或藤制成，如加上铜首、底，在重量上显然增加了分量，不便老人使用；从长度来看，100厘米左右作为手杖比较合适④。如从出土件数、质料以及使用痕迹来看，这一论述是符合考古实物资料的；但从长度来看，并不一定是100厘米左

---

① 广西壮族自治区博物馆编：《广西贵县罗伯湾汉墓》，文物出版社，1988年。
② 甘肃省博物馆：《甘肃武威磨咀子汉墓发掘》，《考古》1960年9期。
③ 南京博物院、连云港市博物馆：《海州西汉霍贺墓清理简报》，《考古》1974年3期。
④ 周建忠：《荆门郭店一号楚墓墓主考论——兼论屈原生平研究》，《历史研究》2000年5期。

右，有的竟达136厘米，有的残长71厘米。显然，对于手杖，其长度并未有定制，可能应杖主身高而异，只要符合"杖之高下以心为断"①就可以了。

从汉代授杖制度来看，大葆台汉墓出土的杖，应为手杖，实用价值突出。同时，可能还兼有一种政治内涵，即整个几杖制度所凸显的尊君一统之内涵。这样，与其享有黄肠题凑高级葬制的政治文化内涵是相辅相成的。

此外，大葆台一号墓还出土了一枚木简，被置于西面题凑木墙中一根黄肠木上。简长20.5厘米，宽0.7厘米，厚仅1厘米（彩版一一，1）。上墨书汉隶六字，发掘报告释其为"樵中格吴子运"。而有的学者则释其为"樵中格吴子孟"②。近来有学者专门对此进行了研究，同意"樵中格吴子孟"的释读，并进一步指出"樵中格"为一聚落名称，相当于后来的"樵中村"，简文记载的应是吴子孟的居住地。作者还推测，吴子孟可能为制作黄肠题凑的工匠，该简或是偶然遗落在题凑中的此人名册，它的发现足以证明，至迟西汉晚期在中国华北北部的广阳国已经存在带有自名的聚落，较之"村"见于记载又提前了两个世纪左右；同时更可以表明带有自名的聚落并非因东汉末年的战乱而生，应是长期存在的历史现象③。

（五）骨角牙器

大葆台一号汉墓中，在后室、内回廊等处出土了一些骨雕、骨棒以及牙器，特别是称之为六博棋的8枚牙器（彩版一一，2），为我们

---

① 《仪礼·丧服》载曰："杖各齐其心"，《疏》云："云杖各齐其心者，杖所以扶病，病从心起，故杖之高下以心为断。"（《仪礼注疏》，上海古籍出版社，2008年）

② 参见胡平生、李天虹：《长江流域出土简牍与研究》，湖北教育出版社，2004年，52页~53页。

③ 侯旭东：《北京大葆台汉墓竹简释义——汉代聚落自名的新证据》，《中国历史文物》2009年5期。

了解汉代北方地区博戏提供了难得的实物资料。

骨器主要有彩绘骨棒、凤纹残骨雕、镂孔凤纹骨雕、镂孔云龙纹骨雕、骨环、虬角龙雕等,雕工都非常精巧生动。如凤纹残骨雕(彩版一二,1),1件,出土于西面内回廊中,已残缺不全。其上阴刻线条纹为地,地上刻凹双线的三角纹。骨雕正面阴刻飞舞丹凤,背面边缘阴刻双线,双线之间阴刻三角形纹一周,中心阴刻一怪兽,右爪高举一鞭,下骑飞龙。其他3面亦边缘阴刻直线,中心阴刻兽纹,雕工精细,阴刻处均涂红。再如镂孔凤纹骨雕,1件,出土于西面内回廊中,残。长方形,左上角呈斜双弧形,中间镂雕凤纹,凤尾高卷,表面涂一层薄漆,雕凤黑漆涂绘目及羽毛等,线条简练,雕工精细。上面两角和下面左角,均有一圆孔,直径仅0.1厘米。背面未涂漆,似为嵌件。

牙器主要出土于前室南端和东面内回廊中,个别残损,大部分完好。牙质,六面长方形,边缘有阴刻的直线为框,4枚的六面框内有阴刻飞龙,4枚的六面框内有阴刻奔虎。雕工精巧,形象生动。发掘者称之为六博棋。

博,古代又叫象棋,是现代象棋的前身。长期以来因博失传已久,再加上缺乏实物作依据,故人们对它有不少误解。

博的出现最迟不会晚于商代。1974-1976年,河北平山县中山国陵圆内三号陪葬墓中出土了一大一小两副战国晚期石博局[①]。1995年在咸阳塔尔坡遗址中发现百余座秦人墓,其中M28203出土的博局图,是我国迄今出现时代最早的秦人博具图案[②]。

秦汉时期是中国历史上博戏最盛的时代,上至天子、百官,下到百姓,都喜爱这种娱乐。《汉书·文帝纪》颜注引如淳曰:"薄昭与文帝博,不胜,当饮酒,侍郎酌,为昭少,一侍郎谴呵之。时此郎下沐,昭使人杀之,是以文帝使自杀。"《史记·吴王濞列传》:"孝文时,吴

---

① 崔乐泉:《最早的六博棋盘——石博局》,《体育文史》1994年1期。
② 谢高文、岳起:《塔尔坡秦人博局图》,《文博》1997年4期。

太子入见，得侍皇太子饮博。"《风俗通·正失》："武帝与仙人对博，棋没石中。"其次，西汉王朝还专门设有博侍诏官。《汉书·吾丘寿王传》载寿王"以善格五召侍诏"。

由于最高统治者酷爱博戏，所以博戏在社会上就更加流行，甚至善博的人在社会上受到人们尊敬，并享有较高社会地位。《西京杂记》卷下《陆博术》："许博昌，安陵人也，善陆博，窦婴好之，常与居处。其术曰：'方畔揭道张，张畔揭道方；张究屈玄高，高玄屈究张。'三辅儿童皆诵之。"

除了男子参与博戏，妇女也进行博戏，甚至有用博具作嫁妆的。如江都王之女嫁给乌孙昆莫，宣帝赐以博具。汉代还有一些专以博戏为业的人，被称为"博徒"。《后汉书·列女传》载许升"少为博徒"，《盐铁论·授时》："博戏驰逐之徒，皆富人之弟。"《后汉书·王充传》："以游博持掩为事。"

当时不仅人们自己酷爱博戏，而且认为天上的神仙也和人间一样，是酷爱博戏的。例如人们举行祭祀时，也要张设博具。《汉书·五行志》载哀帝建平四年"京师郡国民聚会里巷阡陌，设张博具，歌舞祠西王母"。

考古发现的博具实物，全部出土于秦汉墓中；汉代画像石、画像砖和画像镜上也经常发现它们的图形。博局纹铜镜在汉代墓葬中也是常见的，它是目前所发现的汉代铜镜中数量最多的一种铜镜。

秦汉时期的博具，主要由局、棋、箸组成。局是用一块方形或长方形的木板制成的，一般边长 30 厘米～45 厘米，髹漆，多数有底足。局的面上有专供行棋用的曲道十二个。局上除十二个曲道外，中央还有一个方框，在靠近方框四角处，一般有四个圆点，或四个花、鸟等其他图案[①]。棋子，一般为十二颗，大小在 2 厘米～5 厘米之间，形

---

① 山东省博物馆藏两件汉代博具，其中一件为石博局，该局局面有5个凹坑，而其他博局则多为4个圆圈或特殊标记表示，其用意如何，尚不得其详（杨波：《两件汉代博具介绍》，《体育文史》1997年3期）。

制多种多样，一般可以归纳为两种不同的种类：一种是形制大小完全相同的十二颗棋子，分为两组，六白六黑，或大小相同、均髹黑漆但形状不同的两组，一组为方形棋子，一组为长方形棋子；另一种是十二颗棋子分两组，每组六颗一大五小，且大棋与小棋的颜色也不同。由于大棋和小棋在博戏中所起的作用不同，因而它们的名称也不同。大棋称为"枭棋"，小棋称为"散棋"。棋子一般为象牙所制，故又叫象棋。长沙马王堆3号汉墓出土博具遣策就写作"象棋十二"，《说苑·善说篇》："燕则斗象棋而舞郑女。"

从出土实物看，一般为象牙制成的棋，但也有用别的材料制成的，如广州南越王墓出土的博具，除有象牙棋子外，还有青玉和水晶棋子。有的还在棋子上雕刻各种鸟兽纹，如大葆台西汉墓出土的博棋子，就雕刻有龙、虎、鸟兽纹饰，说明当时贵族阶层使用的棋子是特别讲究的。

箸，出土实物为一细长的半边竹管，中空，填以金属粉、铜丝或以其他物质加固。外髹漆，其断面呈新月形，就像吃饭用的细长的竹筷子。箸的数量一般为六根。《说文·竹部》："博，局戏也，六箸十二棋也。"但也有只用二箸的，多的有用八箸的。有的博具没有箸，但有茕。茕与箸的作用相同。茕是一种球体。此外，茕又叫琼。博视其种类不同，所用茕的多少亦不同，有用一茕的博，亦有用二茕的博。局、博、箸或茕，是博的基本组成部分，缺一不可，其余的如博席、博囊、博合、削刀、刮刀等，则是可有可无的辅助用品。

秦汉时期的博，归纳起来，大致可分为两大类型，即投箸的博和投茕的博。此外还有格五，又叫塞，是博的变种。投箸的博有三种，即投二箸的博、投六箸的博和投八箸的博。但普遍流行的是投六箸的博。投六箸的博叫六博，又叫大博。它是由局、六箸和十二棋组成的。《说文·竹部》："博，局戏也，六箸十二棋也。"曹植《仙人篇》："仙人投六箸，对博太山隅。"《颜氏家训》卷七《杂艺》："古为大博则六箸。"《西京杂记》卷下《陆博术》载西汉许博昌："善陆博……法用六箸。"

六博有两种，一种六颗棋子是一大五小，如云梦睡虎地13号秦墓出土的博棋；另一种是六颗棋子完全一样，或全白，或全黑，或全为方形，或全为长方形。如云梦睡虎地11号秦墓、江陵凤凰山8号汉墓和大葆台一号汉墓所出就是这样的。

六博的使用方法，简单地说，就是投箸行棋四个字，但箸如何投，棋又如何行，如何才算取得最后胜利，目前还不能搞得十分清楚，其原因是博的发展变化很大，而秦汉时期的博距今两千多年，失传很早；现在出土的博具又是"死"的，历史文献记载的博法又太简略，因此，我们也只能说个大概，每个细节都要搞清，在目前还是不可能的。六博的博法大概是这样的：先置局，二人向局而坐（也有四人对局的），每方一人专投箸，一人专行棋，局上置棋十二颗，人各六颗。局旁置投枰，供投箸之用①。

（六）丝织品

丝织品在大葆台汉墓中也有出土，只可惜很难保存下来。但考古发掘的记录与图片，却为我们留下了非常宝贵的实物资料。所出的丝织品，种类丰富，工艺精湛。

绢类　得到的绢织物较多，均发现于中棺内底的南端。绢中不规则地夹有丝棉及朱砂，其密度为每平方厘米142根×72根，还有更细的，为185根×75根。平滑光洁细薄如纸，在低倍显微镜下可以看到，织物表面几乎全为均匀的轻浮点所组成，织得极为紧密，其密度仅次于满城刘胜墓出土的细绢（每平方厘米200根×90根）②，是当时称为纨素的高级平纹丝织物。

----

① 傅举有：《论秦汉时期的博具、博戏兼及博局纹镜》，原载于《考古学报》1986年1期，后收入其所著《中国历史暨文物考古研究》，岳麓书社，1999年，124页～143页。
② 马王堆一号西汉墓出土的素，疏密程度很不相同，较粗的有经丝55～75根/厘米，纬丝均稀于经丝，一般约相当经密的二分之一左右。较密的如442号香囊的缘边，经密为164根/厘米，比前一类多出一倍以上（湖南省博物馆、中国科学院考古研究所：《长沙马王堆一号汉墓》（上），文物出版社，1980年，47页）。再如满城1号西汉墓中玉衣衬垫物内所出残素，经密达200根/厘米，纬密达90根/厘米，为已知之纨素的最精致者（中国社会科学院考古研究所、河北省文物管理处：《满城汉墓发掘报告》（上），文物出版社，1980年，154页。），可能就是当时负有盛名的"冰纨"（孙机：《汉代物资文化资料图说》，文物出版社，1990年，65页）。

刺绣 绛紫绢地刺绣残片有2件（彩版一二，2），都发现于外棺棺底的内面南端，一件残长61.5厘米，宽35.5厘米；另一件残长80厘米，宽40厘米。它们正好为中棺底板所压，被紧紧地夹封在有完好漆膜的两层棺底板之间，从而得以较好地保存下来。但因错褶绉和重压，已黏结为一体。表面平滑得如同蜡笺纸一样，很难将其展开，推测可能是棺衣的某一部分。绣绢的密度为每平方厘米46×28根，绢厚0.18毫米，织造得很结实。绛紫色，色调沉着、艳丽，应是战国以来名贵一时的"齐紫"传统染法染成的①。刺绣在商代已经出现，至战国时，出土了大量绣品。绣在汉代仍然是很珍贵的。马王堆一号汉墓出土40多件绣品②。

刺绣花纹，是典型的汉代式藤本植物图案，单位纹样由1条反"S"形为主，两端再饰以蓓蕾和花穗构成，马王堆一号汉墓、甘肃武威磨咀子22号墓出土的织物，都和这基本相同，是两汉规范化了的装饰纹样。花纹的色彩已经消退，但从背面观察其穿针引线、分针设色的形迹，可以知道花纹有6个颜色。绣工也很精致，在绢底上先以墨线绘出底稿，然后全部采用锁法绣成。尤其针法灵活多变，富于表现力，五彩缤纷，实为一件优秀作品（图一五；彩版一三，1）。

锁绣单位纹样及针法示意

绛紫地绣绢花纹

图一五

---

① 《史记》卷六九《苏秦列传》："齐紫，败素也，而贾十倍。"《正义》："韩子云：'齐桓公好服紫，一国尽服紫，当时十素不得一紫，公患之。'"
② 孙机：《汉代物质文化资料图说》，文物出版社，1990年，68页。

漆纱冠　出土于内棺北端,还发现漆纱冠的若干残片（图版七,1）。这是一种丝织编结的手工艺品,实物有粗细两种,细的为每平方厘米18目×18目,厚0.11毫米；粗的每平方厘米20目×20目,厚0.16毫米。外观皆呈棕黑色,涂施的漆膜富有光泽。这种编织物的残片,以往曾有出土,只是近年来才在武威磨咀子、长沙马王堆汉墓中见到完整的实物[①]。推测这种漆纱冠的形制可能与之大同小异,若就漆纱的细密程度而言,却都不能和这2件残片相比。编织加工难度大,工艺水平高,是当时具有代表性的产品。

这种织物,两汉时称之为"漆丽",以后又称作"漆纱"。一直是制冠的高级材料。唐代时起,这项工艺便失传了。其后千余年来,一直被误认为是一种平纹的机织物。如今从实物分析中才使我们知道它是极为费工的编结制品,其组织就是最基本的组带形式,它与平纹织物是断然不同的东西。

漆纱冠,其编结方法是以两组合股（双头）的经线,相互垂直交穿编结而成的。这种组织结构具有极好的格眼变形性能。这种所谓的漆纱,实非织机上织造的方目纱或罗纱,而是最基本的组编织物,当时又称为丽、纵,以示和经纬纺织物的区别。按试验估计,编结这种组带,加上准备工作,每厘米快手也要2小时～3小时,若编结长60厘米,至少10天半月才能完成。工力之大可想而知[②]。

组带　此外,与漆纱同出的还有经编的组带残片（图版七,2～3；彩版一三,2）。外观铁锈色,仅一小段保存较好,带宽约1.2厘米,残长5厘米。通体编作斜格,格眼为正八边形,孔径约1.3厘米～1.5厘米。单头的丝线为反手拈的合股线,直径0.15毫米左右。其组织

---

① 湖南省博物馆、中国科学院考古研究所：《长沙马王堆二、三号汉墓发掘简报》,《文物》1974年7期；甘肃省博物馆：《武威磨咀子三座汉墓发掘简报》,《文物》1972年12期。

② 王亚蓉：《汉代的组及其工艺研究》,见《北京大葆台汉墓》附录一一,128页～135页。

结构十分清晰。出土时组带合漆纱冠残片相毗连,说明应是冠上的附属物——组缨,即冠的带子。它的发现给组的定名和识别,得到了肯定的证据。

组是中国古代一种特有的绦带手工艺品,属蚕丝经编织物。编织方法有许多不同花式,其共同特点是斜网格结构,这种结构具有很大的变形和复原性能。单层的组,在汉城汉墓、长沙马王堆汉墓、武威汉墓以及朝鲜乐浪汉墓都曾有所发现。起花(编出花纹)的组,在江陵马山一号楚墓、凤凰山汉墓也出土过实物[1]。

文献记载,周秦两汉以来多用组带裹发、系冠或悬系印璧杂珮为穗饰。用组作铜镜、官印的纽系具有代表性,故组又有官印的代称,去官谓之解组。过去由于实物少见,对组的结构及编织工艺了解不多,而北京大葆台一号汉墓出土了少量纺织品,其中值得注意的是漆纱和组带实物的发现,为我们提供了研究古代纂组编织工艺的实物资料。比较而言,纂组织物的基本特点,在于这种穿编结构具有很大的变形性,成品纵横方向的尺寸都是不稳定的,但又可以恢复格眼的正确形状,绝无平织物"并丝起柳"的纰病。因而适应各种形体的束裹装璜。马王堆一号汉墓的组,便是这种标准组带的代表。至于大葆台汉墓这件复式组带,却是一般纂组的特殊形式,它是以保持稳定长度和格眼形状,来适应实际需用的组带。

组这个名字有可能是这类编织物的总称,成品往往因不同地区、不同用途、不同形式而有不同的名目。大葆台汉墓出土这段双层结构的组带,编制得非常匀净工致,出土时和漆纱冠残片相毗连,同出于棺内,无疑是冠上的附属物——组缨。所谓缨,就是系冠的带子。《礼记·玉藻》:"玄冠朱组缨,天子之冠也。玄冠丹组缨,诸侯之斋冠也。

---

[1] 本文关于"组"的认识,均引自王亚蓉《汉代的组及其工艺研究》一文。该文以大葆台汉墓出土的组带及其他丝织品为中心,对汉代组的定名、工艺等方面作了系统而深入的论述,是这方面的代表之作。

玄冠綦组缨,士之斋冠也。"汉代大体本于旧制,这种冠缨的使用与墓主身份是相当的。

(七) 动植物遗存

经中国科学院古脊椎动物与古人类研究所鉴定,大葆台一号墓主要出土有猫、鸡、猪、鸿雁、兔、山羊、鸟、真骨鱼、豆雁、白颈鸦、马鸡、牛等动物的骨骼;二号墓主要出土有真骨鱼、鹿、鲤鱼、雀、雉、兔、鸡、天鹅、鸿雁、白额雁等动物的骨骼[1]。

大葆台一号汉墓中随葬着完整的大型动物骨架,骨架由于埋葬年久,又曾被火烤熏过,在施工过程中又未能得到良好条件保管,大部分均严重地被压残碎或残损。经过北京自然博物馆动物组的研究人员的修复整理、分类、测量和鉴定,可分辨出有4具个体材料,3具属马个体,1具属豹个体。3具马,根据遗存马骨特征分析,分别为8岁～12岁左右的马,且是3匹不同年龄的雄性马。并推算出马的高度约为1.47米～1.50米之间。豹,根据所测材料数据分析,这是属于一个雄性个体,是尚未成年的雄性金钱豹,体重约在30公斤左右,体长约在0.80米～1.0米,尾长在0.50米～0.60米之间[2]。

豢养豹以为宠物,则很有可能与西汉薄太后南陵从葬坑殉葬犀牛的情形类似,也许反映了汉代贵族生活亲近自然同时崇尚雄健狂悍的心理倾向。《后汉书·光武帝纪上》记述昆阳之战形势,王莽军曾经"驱诸猛兽虎豹犀象之属,以助威武"。《淮南子·主术篇》载曰:"养虎豹犀象者,为之圈槛,供其嗜欲,适其饥饱,违其怒恚,然而不能终其天年者,形有所劫也。"大葆台汉墓出土豹的骨骼,与薄太后南陵

---

[1] 大葆台汉墓发掘组:《北京大葆台汉墓》附录《大葆台汉墓出土兽骨名称鉴定》,122页～123页。
[2] 大葆台汉墓发掘组:《北京大葆台汉墓》附录《大葆台一号汉墓随葬的动物骨骸分析》,115页～117页。

20号从葬坑发现的犀牛骨骼具有同样性质,它们作为贵族私家豢养的宠物,反映出当时社会上层生活的细节,对于研究当时社会风俗等方面具有重要意义。同时,大葆台汉墓的豹、薄太后南陵的犀牛,确实如所谓"然而不能终其天年者",但是并非仅由于其自然生活的环境条件被剥夺,即"形有所劫",而是被迫为主人殉葬[①]。

神禾塬战国秦陵园遗址考古发掘,在K12丛葬坑中,首次发现了大量的动物骨骸,有16个动物个体,包括豹子、熊、鸟、猿、羊等,称为珍禽异兽坑,表明墓主期望自己在另一个世界能继续打猎享乐。这说明,这里埋葬的豹,是打猎之物。1998年以来对汉阳陵东侧的部分陪葬坑进行了发掘,也出土了豹等动物骨骸,专家也认为其为狩猎之物。而据《汉书·董仲舒传》载:"六畜以养之,服牛乘马圈豹槛虎,是其得天之灵,贵于物也。故孔子曰:'天地之性,人为贵。'明于天性,知自贵于物。知自贵于物,然后知仁谊。知仁谊,然后重礼节。重礼节,然后安处善。"《后汉书·光武帝纪上》也载:"又驱诸猛兽虎豹犀象之属,以助威武,自秦汉出师之盛未尝有也。"这里提及的豹等动物,又属驯养之豹。

古代人心目中的豹,不单是猎物或驯养物,而且有一定的文化内涵,即文献中多次提及的"君子豹变,其文蔚也"。陆氏《易解》(明姚士粦辑)曰:"《象》曰君子豹变其文蔚也。兑之。阳爻称虎,阴爻称豹。豹,虎类,而小者也。君子小于大人,故曰豹变其文蔚也。"所谓"豹变其文蔚",即指"小人革面顺以从君也"[②]。这在大一统的秦汉时期,尤显重要。大葆台汉墓出土的豹这一宠物,显然既有主人豢养动物这一爱好,又体现了恪守君臣之道的大一统政治原则,与其享有尊贵的黄肠题凑葬制也是相符合的。

此外,大葆台汉墓猫骨的发现,也为探索猫的驯宠史提供新的研究资料,开辟新的考察路径。[③]

---

① 王子今:《北京大葆台汉墓出土猫骨及相关问题》,《考古》2010年2期。
②《子夏易传》卷五《周易》。
③ 王子今:《北京大葆台汉墓出土猫骨及相关问题》,《考古》2010年2期。

三、车马埋葬及其制度

大葆台一、二号墓均有车马殉葬，其位置在南墓道的北半部。一号墓的墓道未被盗，殉葬的3辆车13匹马（图版八，1；彩版一四，1～2），保存较完整。二号墓因被盗，又焚于火，故墓道内殉葬的车马已无存，仅残存一些车马饰件。但从残留的痕迹看，大体可辨出有3辆车10匹马，有的地面还残存很少的彩漆痕。从出土的车马饰件，也可推知二号墓殉葬的车马情况与一号墓基本相同。

三辆车都是实用的木质双轮单辕彩绘车，车周身涂黑漆，车轮加饰红漆彩绘。除车箱和伞盖不相同外，其余结构大致相同。三辆车因要保护外形，都未解剖，所以有些结构不太清楚。

发掘报告称，从墓中埋葬的3辆车来看，皆朱轮花毂彩漆车，车上器件都鎏金，整体车的外形相当华丽。一号车车箱狭窄，车箱中间插有长柄圆形伞，车前放置1对长柄铁戟，是3辆车的首车，很可能是出行仪仗的前导车。二号车为宽大的车箱，车箱上有华丽的平顶盖，周围有似窗棂的高栏杆，可能是墓主人乘坐的安车。三号车是带篷的大型车，可能是运送墓主灵柩的丧车。

大葆台汉墓随葬车马，原发掘报告只是从形制、工艺、出土现状等方面进行了记录。但对其代表的殉葬制度未作深入探讨，近年来学者关于西汉诸侯王墓殉葬制度和礼俗的系列研究道出了这一制度的内因。

全国各地发现的诸侯王墓，并非普遍用真车马殉葬。而用真车马殉葬的数目，也有多寡的不同。不过，就整体而言似有一定的规律可寻。有一个重要的现象就是汉代北方诸国，齐、鲁、中山、常山、广阳以真车马殉葬，发现较多且多置于墓坑内；而梁、楚、长沙等发现较少，有的车马不在墓坑内[①]。

[①] 郑滦明：《西汉诸侯王墓所见的车马殉葬制度》，《考古》2002年1期。笔者补充：2001年较大规模发掘的章丘洛庄汉墓，东墓道北侧的11号坑内共发现3辆大车，每车驾4匹高头大马，一字排开，这3驾马车不同于随葬用的明器，都为真车真马。（参见刘剑、王金贵：《透析汉墓车马坑》，《走向世界》2001年2期。）

西汉诸侯王墓殉葬真车马，数量亦各不相同。中山靖王刘胜墓，入殉6辆车、16匹马，窦绾墓出大车3辆、小车1辆、马13匹；长清双乳山一号济北王墓，出大车3辆、小车2辆、马7匹、鹿2匹；临淄齐王墓出大车3辆、小车1辆、马13匹；昌邑哀王墓，入殉1车4马。其余12座如曲阜九龙山鲁王、后M2~M5，北京大葆台广阳顷王、后M1~M2，中山怀王刘修墓、南越王墓、常山王墓、定县三盘山中山王、后M120~M122，多殉3车，马8~16匹不等。而在这些殉葬真车马墓中，以殉葬3车为主。以3车为基数和不同数量的马匹殉葬，可能是当时诸侯王墓的一种制度，或可能说明某些问题[①]。

高崇文先生在《西汉诸侯王墓车马殉葬制度探讨》[②]一文中认为，西汉诸侯王墓中多以马车三辆殉葬这一典型现象，其制度起源亦应承自先秦；西汉诸侯王墓所殉三车在数量、形制、装备情况几方面与乘、道、藁三车之制相同之处颇多，应就是先秦运载墓主人衣冠至墓穴的乘、道、藁三魂车演变而来。唯与先秦制度相差之处在于：乘、道、藁三魂车并不入葬，而汉代的三辆魂车是入葬的，可能由于随着时间推移，承于先秦的西汉葬俗制度难免有所增减的缘故。笔者倾向于这一认识。

郑滦明先生在《西汉诸侯王墓所见的车马殉葬制度》一文中则认为，三车主要是生前皇子为王乘用的王青盖车（安车）、戎车或猎车、轺车，王后加小马车，这从诸侯王墓中随葬马车旁放置兵器或发现猎犬等现象可以得到证明。他并不认同高先生的分析，指出西汉诸侯王墓用三车之制源于"三礼"记载的乘、道、藁三种魂车这一说法，在西汉礼仪制度中未见明确记载，故尚欠力证。

---

① 参见郑滦明：《西汉诸侯王墓所见的车马殉葬制度》，《考古》2002年1期。
②《文物》1992年2期。

后高崇文先生在《试论先秦两汉丧葬礼俗的演变》[①]一文中，又详细考证了先秦两汉丧葬礼俗的演变轨迹，文章的研究结论和引用的最新考古材料，证实了汉代与先秦在丧葬礼俗上的承接关系，也为其前述西汉诸侯王墓殉葬三辆马车现象沿自先秦丧葬用车制度的看法提供了佐证。

此外，还有学者对秦汉时期马车形制方面进行研究，提及大葆台汉墓出土的车马情况[②]。这些分析，也是值得参考。

---

① 《考古学报》2006年4期。
② 赵海洲：《秦汉时期的马车形制研究》，《中原文物》2010年4期。

第五章
大葆台西汉墓墓葬年代与墓主人考略

虽然大葆台汉墓没有出土印章或封泥等能直接证明墓主人身份的文物，但从其他出土器物和纪年材料，还是可以寻找到一些线索的。诸多学者对此作了讨论，基本认同墓主为广阳顷王刘建及其王后这一分析。近来有学者对此提出了疑问，并重新加以考察，得出不同认识。笔者经对以往考证详加梳理和分析，可以判定，两墓年代均为西汉晚期，二号墓稍晚，但不晚于一号墓 10 年；墓主人仍为广阳顷王刘建及其王后。

一、墓葬年代

1974 年北京市丰台区西南隅发现了一座西汉墓，即大葆台一号墓。随后又发现了西侧的二号墓。两墓东西并列，属并穴合葬墓。

发掘清理完之后，发掘人员就做了大量整理、分析工作，积极撰写《简报》，并公开发表。《简报》对墓葬年代和墓主人作了系统分析，提出虽然两墓均遭到严重破坏，随葬器物大部分被盗走，但仍有可以推断墓葬年代和墓主人身份的线索，即一号墓内出土针刻"廿四年五月丙辰丞"等字的残漆器（图版八，2），以及墓葬形制和部分随葬器物的形制。由此出发，《简报》认为，一号陵墓主人与燕王刘旦相吻合；二号墓墓主似为燕王刘旦之妻华容夫人[1]。后发掘者在编写考古报告时，对墓葬年代和墓主人的认识有所变化，即一号墓主人为广阳顷王刘建，二号墓主人当为广阳顷王王后，并且二号墓封土压在一号墓下，因此二号墓又晚于一号墓[2]。1986年，北京社会科学院王灿炽先生专门对大葆台西汉墓墓主进行了考证[3]，认为该墓墓主人为广阳顷王刘建及其王后，这遂成为多数人的共识。1997年，古钱币学家蒋若是先生对大葆台汉墓年代进行了考古学验证，认同发掘报告的分析，但提出，二号墓出土五铢30公斤，惜难以拓印发表，亦未出土铜镜，究竟能晚到什么时间，目前尚难判断[4]。2008年，随着北京"汉代文明国际学术研讨会"的召开，一些学者再度关注大葆台汉墓的墓葬年代与墓主人问题。黄展岳先生认同发掘报告的分析，并从出土文物进行了补充论证[5]。高崇文先生也坚持发掘报告的推断，并从车马殉葬制度进行了补充说明[6]。而吴荣曾先生根据出土钱币和铜镜，提出另一种说法，即认为大葆台一号墓墓主为广阳思王刘璜；二号墓墓主为其王后[7]。

---

[1] 北京市古墓发掘办公室：《大葆台西汉木椁墓发掘简报》，《文物》1977年6期。
[2] 大葆台汉墓发掘组：《北京大葆台汉墓·结语》（鲁琪执笔），文物出版社，1989年，93页~97页。
[3] 王灿炽：《大葆台西汉墓墓主考》，《文物》1986年2期。
[4] 蒋若是：《北京大葆台汉墓年代之考古学验证》，见《秦汉钱币研究》，中华书局，1997年，236页~237页。
[5] 黄展岳：《重温〈北京大葆台汉墓〉》，见《汉代文明国际学术研讨会论文集》，北京燕山出版社，2009年，20页~25页。
[6] 高崇文：《西汉"黄肠题凑"葬制再研究》，见《汉代文明国际学术研讨会论文集》，北京燕山出版社，2009年，29页~39页。
[7] 吴荣曾：《北京大葆台汉墓墓主考》，见《汉代文明国际学术研讨会论文集》，北京燕山出版社，2009年，25页~28页。

从这些论证来看，基本围绕这么几个重点论据进行分析与推测：(1) 针刻纪年；(2) 出土器物，尤其是钱币与铜镜；(3) 车马殉葬制度。如果仔细考察这些分析，其中仍有值得商榷之处。

(一) 关于钱币

该墓出土五铢钱，而未见王莽时期的钱币。据《汉书·武帝纪》载，元狩五年（前118年）"罢半两钱，行五铢钱"。从这一点，就可以排除燕王刘旦之前的燕王了，也就是说只有燕王刘旦及三位广阳王（广阳王刘建、刘舜、刘璜）中的其一位可能为墓主人，这是不容质疑的事实。然而对具体出土五铢钱的分期认识，却又有一定差异。

大葆台汉墓出土三种五铢，一种是武昭时期的五铢，这是没有问题的，多数人都持这一认识。另一种五铢，蒋若是先生认为其属宣帝元康（前65年）以后至宣帝晚期钱型，严格说其不会早于宣帝神爵（前61－前58年）；而黄展岳先生则认为其铸行于宣元时期，至王莽时期仍通行；吴荣曾先生也认为其属于宣元时期。这些认识虽有差异，但至少能肯定一点，即这一种五铢不会出现在宣帝以前。

还有一种，即所谓磨郭五铢。蒋若是先生虽然在论证大葆台西汉墓墓主时对此没有提及，但在其有关著作中对汉代磨郭钱出现的时间与类别进行了分析。他根据《洛阳烧沟汉墓》最早见于宣帝后期墓，提出磨郭钱盛行于西汉中晚期[①]。而黄展岳先生则认为，磨郭五铢盛行于西汉晚期，王莽稍前的汉墓中多有出土，尤以出自元、成、哀之际的墓中为最。吴荣曾先生根据《长安汉墓》和《洛阳烧沟汉墓》对磨郭五铢的分析，认为后者的分析较为接近实际，即出现于元、成或成、哀之际。然后，他根据尹湾汉墓出土磨郭钱，而此墓出土成帝元延三年（前10年）这一纪年材料，从而推断磨郭钱的上限在成帝元延三年或略早，下限又根据江苏仪征胥浦M101汉墓和长沙望城坡西汉木

---

① 蒋若是：《秦汉钱币研究》，中华书局，1997年，107页～108页。

椁墓判定为王莽居摄元年（6年）。江苏仪征胥浦M101汉墓的年代为平帝元始五年（5年），这是没有问题的，因为有确切的纪年材料出土。而关于长沙望城坡西汉墓的年代，目前还有不同认识。有的发掘人员推测，该墓下葬年代上限为武帝元狩五年（前118年），下限年代为东汉光武帝建武十三年（37年）[①]。而有的发掘人员则提出，该墓年代应属西汉晚期，很可能在公元前49年（或前48年）至7年之间，墓主张姬极有可能是期间长沙炀王刘旦或孝王刘宗或缪王刘鲁人之王后[②]。还有人认为，该墓下葬年代当在西汉元、成帝之际，其上限为墓中出土铭文所云之"长沙元年"。此"长沙元年"当是孝王刘宗元年，即元帝初元三年（前46年）或四年（前45年）。墓主张姬应是孝王刘宗或缪王刘鲁人之王后，而以孝王刘宗之王后可能性相对较大[③]。吴荣曾先生把该墓墓主当作长沙王刘鲁人，并根据他在位的时间来推断磨郭钱的下限，显然是不对的。再者，根据尹湾汉墓成帝元延三年（前10年）这一纪年材料，就断定西汉磨郭钱的上限时间，也是不全面的。

综合关于磨郭钱的分析，虽目前没有确凿证据来说明其上限时间，说其通行于西汉晚期，也是比较合理的。

（二）关于铜镜

发掘《简报》和王灿炽先生对铜镜均没有提及，而发掘报告和其他诸位先生对此有较为深入的探讨。对星云纹镜，发掘报告认为其属武帝时期，蒋若是先生认为其属武昭时期，黄展岳先生认为其流行于昭宣至王莽时期，吴荣曾先生认为其通行于昭宣到稍后。对昭明镜，发掘报告认为其属昭宣时期。蒋若是先生认为其属宣帝晚期，黄展岳

[①] 长沙市文物考古研究所、望城县文物管理局：《湖南望城风篷岭汉墓发掘简报》，《文物》2007年12期。
[②] 何旭红：《湖南望城风篷岭汉墓年代及墓主考》，《文物》2007年12期。
[③] 黎石生：《湖南望城风篷岭一号汉墓的年代与墓主》，《故宫博物院院刊》2009年1期。

先生认为其流行于昭宣至王莽时期，甚至延到东汉初，吴荣曾先生认为其约从宣元到西汉末。而对四螭四乳纹镜，发掘报告认为其属西汉中晚期，蒋若是先生认为其属武昭时期，黄展岳先生认为其流行于昭宣至王莽时期，吴荣曾先生认为四螭四乳镜在西汉晚期墓中常见，但大葆台的这一四螭四乳镜较为特殊，称之为变形四螭纹镜。吴先生根据烧沟汉墓 M1005 和江苏姚庄汉墓中也出土同类四螭纹镜，又据 M1005 出土五铢和王莽钱，江苏姚庄汉墓出五铢钱和磨郭钱而不见莽钱，故推断大葆台汉墓入葬年代必在靠近王莽的西汉末年。显然，吴先生的推断缺乏说服力。我们只能说，根据烧沟汉墓和姚庄汉墓，可知变形四螭纹镜流行于西汉晚期，黄先生的分析还是有道理的。

（三）关于陶器等其他器物

发掘报告认为，所出陶器也都是西汉中晚期墓葬中经常见到的陶器组合现象，其中陶壶形式与北京怀柔、昌平等地发现的西汉中晚期墓所出土的陶壶基本相同。尤其是龟（龙）头魁（勺）器形（彩版五，3），不见于西汉中期墓，一般晚到宣帝以后才出现这种器形。还有值得注意的是二号墓中出土 1 件绿釉陶壶，绿釉陶器在西汉中期墓还未曾发现过，一般到西汉晚期才出现，到东汉时期更大量流行。黄展岳先生认为，大葆台一号墓所出陶鼎、陶壶、陶瓮，均具西汉中晚期风格。陶魁作龟头柄，是北京西汉中晚期墓新出现的器物。玉璧两件，与西汉中期墓出土的玉璧相比，又有变化创新。漆奁上的花草、鹤、兔等金箔图案，为西汉中晚期墓出土的同类平脱工艺所习见。漆书和针刻文字，均属成熟隶书，是西汉中晚期以后出现的书体。二号墓出土的绿釉陶壶，不见于北京西汉中期墓，年代明显偏晚。陶钫、陶罐和盆形器，均居西汉晚期风格。

这里又给我们提供了一个断代信息，即二号墓属西汉晚期。一是根据出土文物的特征；二是放在北京地区这一共同地域来进行文化比较，显然这样的分析是有说服力的。另经中国社会科学院考古研究所体质人类学组对两墓遗存尸骨进行科学鉴定，并综合各项年龄特征，估计一号墓人骨的年龄在45岁~55岁之间,生前为体格较为粗壮的男性;二号墓人骨年龄为20岁~25岁,为一女性①。因此,从年龄上说,二号墓下葬距一号墓应为时不远,相差超不过10年。那么,一号墓下葬时间也应为西汉晚期。

二、墓主人

综合来看,一号墓属西汉晚期是没有问题的,二号墓稍晚,但不会超过一号墓10年。这样,燕王刘旦已可排除。实际上,文献明确记载,燕王刘旦戾陵在梁山上,梁山即今石景山一带。这更加肯定了燕王刘旦不是大葆台一号墓墓主人这一历史事实。但三位广阳王均属西汉晚期,故据此还是无法确认墓主人是谁。

不过,大葆台一号墓出土的一件纪年器物,为我们判定墓主人带来了希望。

大葆台一号墓北面内回廊中出土一件漆盒残底,中间竖行针刻汉隶"宜官廿四年五月丙辰丞告……"等文字,这是该墓唯一出土明确纪年的宝贵实物资料,也是判断墓主人最直接的证据。

这一纪年,从附属物来看,有两种可能,一种为这件漆器的制作年代;另一种为记录下葬的年代。从西汉燕王与广阳王在位年数来看,只有燕王刘定国(前151-前128)在位年数为24年。但从前述钱币等器物断代来看,墓主人绝不可能为燕王刘定国,所以这一纪年不可能为记录下葬的年代,而为漆器制作年代。

我们再看,"廿四年"后还有"五月丙辰"这一具体的月份。发掘报告根据陈垣先生《廿史朔闰表》推算,武帝太始三年(前94年)五月与宣帝甘露四年(前50年)五月都有"丙辰"。武帝太始三年(前94年)正值燕王刘旦即位24年,宣帝甘露四年(前50年)正值广阳顷王刘建即位24年。这样,出土"廿四年五月丙辰"均符合两位王

---

① 大葆台汉墓发掘组:《北京大葆台汉墓》附录四《大葆台汉墓人骨的性别年龄鉴定》,文物出版社,1989年,118页。

侯的情况。虽然我们已排除了燕王刘旦的可能性，但这件漆器有可能于燕王刘旦即位 24 年时制作成的，传给其长子广阳王刘建，待刘建去世即入葬于其陵墓之中；同样，还有可能就是这件漆器为广阳王刘建即位 24 年时制作，传给其子广阳穆王刘舜，待刘舜去世后即入葬。但从纪年附属物仅为一件漆盒来看，专门传给后人入葬的可能性非常小。这样，该漆器还应为宣帝甘露四年五月制作成，即广阳顷王刘建即位 24 年，待刘建于元帝初元四年（前 45 年）去世时，这件漆器便顺理成章入葬于刘建的陵墓中。

我们还可从大葆台一号墓随葬车马制度来补充说明这一结论。因为文献对其有明确的纪年材料，《汉书·成帝纪》载曰："（元帝）竟宁元年（前 33 年）五月，元帝崩"，六月"乙末，有司言：'乘舆、车马、禽兽皆非礼，不宜以葬。'奏可。"这是明确下诏令禁止埋葬乘舆车马等。《发掘简报》提及此，认为一号墓随葬大量生禽鸟兽和真车马，这种随葬乘舆车马禽兽制度，直到元帝末才废除。黄展岳先生也提到，大葆台汉墓仍采用西汉中期盛行的殉葬真车马制度，这是不容忽视的，说明墓葬年代离西汉末年还有一段时间。高崇文先生进一步认为，通过对西汉诸侯王墓殉葬大型实用真车马的情况进行考察，发现凡是殉葬大型实用真车马的诸侯王墓均属西汉早中期，成帝之后的西汉晚期没有发现再殉葬大型实用真车马者。这与元帝末年成帝时禁止埋葬过制、废除殉葬乘舆车马禽兽制度有关。而大葆台汉墓均殉有大型实用真车马，说明其下葬年代不会晚于成帝下诏废除殉葬乘舆车马禽兽制度之后，其最下限只能是元帝时期。

竟宁元年距元帝初元四年仅有 12 年，也就是说广阳王刘建去世后 12 年，车马乘舆制度即被废除。又二号墓也随葬真车马，说明该墓是在广阳王刘建去世后 12 年之内埋葬的，这与上述对二号墓墓主年龄及二号墓最晚于一号墓 10 年的分析是一致的。这就从另一个方面肯定了一号墓墓主人为广阳顷王刘建；二号墓为其王后。

综上所述，大葆台汉墓属西汉晚期的两座诸侯王陵墓，墓主人分别为广阳顷王刘建及其王后。

附录一

表一：西汉黄肠题凑墓葬发现发掘概况

编号	墓葬名称	墓葬类型	墓主人	身份	年代	发掘时间	保存状况
1	河北定县八角廊40号汉墓	"凸"字形土坑木椁墓	中山怀王刘修	诸侯王	西汉中晚期	1973年	因已焚毁,具体情况不太清楚
2	河北石家庄市北郊小沿村汉墓	"中"字形土坑木椁墓	赵王张耳	诸侯王	西汉初期	1978年	保存较差
3	北京大葆台一号墓	"中"字形土坑木椁墓	广阳顷王刘建	诸侯王	西汉晚期	1974年6月	保存较为完整
4	北京大葆台二号墓	"中"字形土坑木椁墓	广阳顷王刘建王后	诸侯王后	西汉晚期	1975年	被焚毁

5	北京老山汉墓	长方形竖穴岩坑木椁墓	某代燕王后	诸侯王后	西汉中期	2000年	保存较好
6	湖南长沙咸家湖西汉曹𡠔墓	不甚规则岩坑木椁墓	曹𡠔	诸侯王的近亲或妻妾	文景时期	1974年年底	保存较好
7	湖南长沙象鼻嘴一号汉墓	长方形竖穴岩坑木椁墓	长沙靖王吴著或长沙王刘发	诸侯王	文景时期	1978年	保存较好
8	湖南长沙望城坡古坟垸渔阳汉墓	"甲"字形竖穴岩坑木椁墓	某代长沙王后	诸侯王后	文景时期	1993年	保存完整
9	湖南长沙望城风篷岭汉墓	"中"字形竖穴岩坑木椁墓	某代长沙王	诸侯王	西汉晚期	2006年	保存较差
10	江苏高邮天山一号墓	竖穴岩坑木椁墓	广陵王刘胥	诸侯王	西汉中晚期	1979年	保存完整
11	江苏高邮天山二号墓	竖穴岩坑木椁墓	广陵王刘胥王后	诸侯王后	西汉中晚期	1979年	保存完整
12	安徽双墩一号汉墓	"中"字形竖穴土坑木椁墓	六安共王刘庆	诸侯王	西汉前期	2006年	保存完整
13	山东荷泽定陶汉墓	"甲"字形竖穴土坑木椁墓	定陶王刘康或其妻丁太后	诸侯王(后)	西汉晚期	2010年	保存完整
14	江苏盱眙大云山汉墓		江都王	诸侯王		2009年	

表二：两汉燕蓟地区诸侯王分封情况

编号	封王	人名	始封时间	终止时间	在位时间	后果
1	燕王	韩广	秦二世元年（前209年）	高祖元年（前206年）	4	徙为辽东王
2	燕王	臧荼	高祖五年（前206年）	高祖五年（前202年）	5	谋反被击杀
3	燕王	卢绾	高祖五年（前202年）	高祖十二年（前195年）	8	亡入匈奴
4	燕灵王	刘建	高祖十二年（前195年）	高后七年（前181年）	15	薨
5	燕王	吕通	高后八年（前180年）	孝文元年（前179年）	1	被诛
6	燕敬王	刘泽	孝文元年（前179年）	孝文三年（前177年）	2	薨
7	燕康王	刘嘉	孝文三年（前177年）	孝景五年（前152年）	26	薨
8	燕王	刘定国	孝景六年（前151年）	孝武元朔元年（前128年）	24	坐禽兽行而自杀
9	燕剌王	刘旦	孝武元狩六年（前117年）	昭帝元凤元年（前80年）	37	谋反自杀
10	广阳顷王	刘建	宣帝本始元年（前73年）	元帝初元五年（前44年）	29	薨
11	广阳穆王	刘舜	元帝初元五年（前44年）	成帝阳朔二年（前23年）	21	薨
12	广阳思王	刘璜	成帝阳朔二年（前23年）	哀帝建平四年（前3年）	21	薨
13	广阳王	刘嘉	哀帝建平四年（前3年）	新莽元年（9年）	12	贬为公

14	燕王	刘庆	更始二年(24年)	更始三年(25年)	1	被击杀
15	广阳王	刘良	光武建武二年(26年)	建武五年(29年)	3	徙为赵王
16	燕王(自封)	彭宠	建武三年(27年)	建武五年(29年)	2	自为燕王，后被击杀。其子彭午虽继为燕王，但很短暂

表三：两汉燕蓟地区诸侯王陵概况

诸侯王	人名	后果	是否按王制建陵	备注
燕王臧荼	臧荼	被擒杀	否	
燕王卢绾	卢绾	逃亡匈奴	未知	即使建，也不在燕地
燕灵王刘建及王后	刘建	薨	是	原在蓟城东南，金代时被迁移
燕王吕通	吕通	被擒杀	否	
燕敬王刘泽及王后	刘泽	薨	是	
燕康王刘嘉及王后	刘嘉	薨	是	可能在蓟城东南，金代时被迁移
燕王刘定国	刘定国	被赐自杀	否	可能有墓，但不会按王制建陵
燕刺王刘旦及王后	刘旦	被赐自杀	是	因其特殊皇族关系，故可按王制建陵
广阳顷王刘建及王后	刘建	薨	是	即现今大葆台一号墓

广阳穆王刘舜及王后	刘舜	薨	是	
广阳思王刘璜及王后	刘璜	薨	是	
广阳王刘嘉	刘嘉	薨	否	王莽时被贬为公,后被废。故不可能按王制建陵
燕王刘庆	刘庆	为乱兵所杀	否	以下为东汉时期燕王或广阳王建陵情况
燕王彭宠	彭宠	被杀	否	自封为王
燕王彭午	彭午	被杀	否	
广阳王刘良	刘良	薨	是	其陵不在燕地

表四：西汉黄肠题凑墓题凑情况

墓号	规格	材质	用量（根）	堆垒方式
长沙象鼻嘴一号墓	题凑枋木，长短不一。西、东两边的长1.60米～1.75米，宽0.20米～0.30米，南北两边的较短，长1.50米，厚0.30米～0.33米	柏木	908	位于外椁墙板四周，呈长方形，四边题凑木的最下层，铺在厚0.23米的夯土之上，夯土外高内低，略向内斜，故使题凑木里端紧靠外椁墙板。上层题凑木压在相应的下层题凑木之上，但也有不少有较宽的间隙，使个别题凑木出现歪斜的现象。其中，南边和北边的最下层题凑木，南北向，从外椁南北两边墙板的西段横铺，一根紧靠一根，直达东边题凑尽端。两边题凑木的底层，里边均搭着外椁底板伸出来的部分，外端放在墓室内夯土层上。题凑四角，采用上下交错重叠。

墓葬	题凑木尺寸	木质	数量	题凑结构
长沙咸家湖陡壁山汉墓	现存最长的黄肠木为1.17米,最短的为0.27米,多数残长0.7米~0.9米,均0.4米左右见枋	柏木	179	位于外椁壁板四周,其中东、南、北三面均砌垒三层,而西边通墓道只垒二层。题凑四边高度都低于椁室外壁板,南北两边最下层的第四、十、十六三根木枋,与承接椁室底板的三根垫木两端相扣,其余木枋都是平铺垒叠,没有榫卯扣接。
长沙望城坡古坟垸汉墓	题凑枋木长短基本一致,为长0.8米~0.99米,宽0.2米~0.49米,厚0.38米~0.49米	楠木	601	紧贴外椁四周,贴地层层垒叠,端头朝向椁壁,除封门题凑为7层外,自上而下均为8层,每层根数略等。为求平整,常见题凑上下左右之间垫塞大小不等的木板、木条、木块等。南北题凑贴靠东题凑端头,西题凑贴靠南北题凑端头。
安徽六安双墩一号汉墓	长0.92米,宽0.25米,厚0.23米	杂木	922	题凑与内椁之间为回廊。南、西、北三面对垒而成,东端置对开式墓门。题凑上用4层方木料铺设作盖板。盖板上用两根纵向方木料压板,底部有4层方木料铺垫。
江苏高邮天山一号汉墓	题凑木多为长94厘米,宽厚各40厘米左右	楠木		在距四壁枋木内1.6米~1.7米处堆垒题凑木墙。平面呈长方形,四面启口高低错落有序,全部用榫卯相连。每块题凑两端正中嵌入一块5立方厘米的小木块。

北京大葆台一号墓	长90厘米,宽厚均为10厘米,但亦有少量黄肠木规格不一者,最宽达26厘米,最厚达31.5厘米	柏木	14800	位于外回廊内侧,平面呈长方形,东西南北四面均砌垒三十层,较平整,题凑南壁正中辟门。各层黄肠木之间并无榫铆固定,其顶端有压边木加固。题凑木墙高于外椁壁板。
北京老山汉墓	所用方木规格甚多,一般长0.9米~1米	杂木		位于外回廊内侧,平面呈长方形,南墙正中有门与前室相通,与外回廊大门相对,门外用长方形柏木按南北纵向码放,层层叠垒成墙,东、西两端与题凑南墙相接。题凑的四角,采用南北纵向和东西横向分层叠垒的方法。在题凑四壁的内面及四角分割放置有立柱方木,这些立柱置于题凑墙内,形成了类似框架的木结构,增强了题凑整体的连接性和承载力度。
长沙望城风篷岭汉墓	长短粗细不一,一般长约0.8米,最长者1米;横断面为正方形,边长0.2米~0.4米。	楠木	111	位于墓坑壁与木构椁室外壁之间,除墓道下端口和中列前室之间缺失外,基本围绕椁室一周。平面略呈"凸"字形,结构不甚规整,垒砌木枋1层~3层不等,且高低不平,方向不一,有多处以较纯的黄色填土代替。题凑的各个转角处,或与某段相接题凑同向放置,或采用垂直双向上下交错叠置的方式。

153

附录二

漫谈两汉北京

北京是一座有着三千多年建城史,八百多年建都史的历史文化名城。明清北京,似乎大家都耳熟能详,踏入北京这片土地,还能感受一些往时的气息。而两汉时期的北京,则显得有些陌生。一来关于它的文献记载少而零散;二是很少有人去描述它。随着五十多年的考古发掘,越来越多的历史文化信息被传递,这时我们就不能以文献少而忽视它,而是有责任去描述它,向人们展示一幅完整的北京历史画卷。

(一) 世为汉藩辅

两汉时期,古老的北京这块土地,曾为燕王(广阳王)的封地。

仅西汉一朝，在燕蓟地区就分封3位异姓王和9位同姓王。为什么要封王于此？他们在这块土地上又做了些什么？这都需要我们拨开历史的迷雾，了解和认识历史的真实。

1. 燕王臧荼及其家族

燕王臧荼，原为燕国大将，因跟随项羽救赵有功，被项羽封为燕王，以蓟城为都①。当时，与燕王臧荼同在燕蓟地区为王的还有辽东王韩广。韩广虽原为燕国上谷郡一卒史②，但他恰遇战乱之际，得到赵王武臣的赏识，承担收复燕地的重任。当他占领燕地蓟城后，原燕国旧贵族、豪富等劝谏他立为燕王。于是，韩广便自立为燕王，国号燕，都蓟城。在巨鹿遭秦军围攻，危在旦夕时，燕王韩广也派大将臧荼救赵。正是这一征战立功的时遇，让臧荼成为另一燕王，而原燕王韩广被项羽徙封为辽东王，都无终（今天津蓟县）。但燕王臧荼并不满足这一分封结果，韩广又不愿前往辽东屈尊为一小小辽东王。最终，引发了燕王臧荼追杀韩广于无终，并占有整个燕国之辖地③。刘邦灭项羽之后，仍封臧荼为燕王，使其成为汉代第一个燕王，也是汉代燕蓟地区第一个异姓王。

然而好景不长，就在刘邦分封其为燕王不久，燕王臧荼就举兵反汉。④究其原因，一是燕王臧荼乃项羽旧封，对刘邦所建立的汉皇朝存在心理惧畏。清代大学士何焯对此看得很清楚："臧荼，项氏所置，又负杀故主之罪，故惧诛最先反。"⑤二是如贾谊所分析的那样，汉初诸侯王先后谋反，乃"形势然也"⑥。汉高祖刘邦亲率大军对其进行征伐，

---

① 《史记》卷七《项羽本纪》。
② 官名。秦、汉官署中的属吏。地位比书佐稍高，秩一百石，亦有二百石者。西汉郡国每郡初有卒史十人，后有增至二百人者。郡太守之卒史虽小吏，却有相当的政治活动能量，甚为人所重。
③ 《史记》卷七《项羽本纪》。
④ 《史记》卷八《高祖本纪》。
⑤ 何焯：《义门读书记》卷一五《前汉书·燕王臧荼反》，中华书局，1987年。
⑥ 《汉书》卷四八《贾谊传》。

随军出征的有丞相樊哙，将军郦商、周勃、灌婴，代相张苍，太仆夏侯婴，护军中尉陈平①，以及阳夏侯陈豨、南安侯宣虎、陵侯华无害、东茅侯刘到（一说为刘钊）、厯侯程黑（一说为磨侯程黑）、宁侯魏遫、共侯昭涉掉尾②。无论从出征的阵容，还是因此立功封侯的数量看，都可说明燕王臧荼反汉在汉初一统天下中的影响度，以及燕国稳定在汉代大一统中的重要位置。对此，还可举一佐证来说明。《汉书》卷二二《礼乐志》载"安世房中歌"第五章曰："海内有姦，纷乱东北。招抚成师，武臣承德。行车交逆，《箫》、《勺》群匿。肃为济哉，盖定燕国。"对此诗句的解释，注家有分歧。唐颜师古认为，这里的"姦"指匈奴，总的意思是说匈奴服从，则燕国安静无寇难也。清人沈钦韩在其《汉书疏证》③中则认为，这里所谓纷乱东北指的是燕国臧荼反汉。当代秦汉史专家王子今对此作了全面分析，赞成沈钦韩的解读，同时对于颜师古的注疏也指出了他认识的时代性与来源④。

不到两个月，燕王臧荼就被俘，燕地平定，刘氏皇朝消灭了潜在的异己势力，这是历史的必然与偶然统一的结果。虽说燕王臧荼的政治命运很短暂，但他及其后世对整个汉代政治形势影响甚大。对他自身而言，他的政治生涯的破灭，引发了卢绾的受封，卢绾的受封，开启了汉代同姓王的分封，为刘氏政权奠定了坚实基础。而他的儿子臧衍，在他兵败之后，逃亡匈奴。臧衍提出的"长王燕"生存战略，对汉代燕王政治命运，甚至汉皇朝政治形势，都产生了深远影响与作用。

关于燕王臧荼子孙，值得一提的还有臧荼的孙女臧儿，她可谓对

---

① 见《史记》卷九五《樊郦滕灌列传》、《史记》卷五七《绛侯周勃世家》、《史记》卷九六《张丞相列传》、《史记》卷五六《陈丞相世家》。
② 见（宋）王钦若等《册府元龟》卷三四一《将帅部》，又见《史记》卷六《汉兴以来诸侯王年表》、（宋）邓名世《古今姓氏书辩证》卷一〇。
③ 上海古籍出版社，2006年，443页。
④ 王子今：《〈安世房中歌〉"海内有姦，纷乱东北……盖定燕国"解》，见《秦汉研究》第三辑，三秦出版社，2009年。

西汉皇朝有着非常重要的影响与作用,因为引领西汉皇朝走向盛世的汉武帝,其诞生与臧儿有着不可分割的关系。

史书记载,臧儿嫁给槐里(亦曰废丘,在今陕西兴平,咸阳市下属,距离西安40公里)一个叫王仲的人为妻,生一男两女,男孩名为王信,景帝时被封为盖侯;女儿当中,一个就是武帝的母亲王太后;另一个女儿名为王姁。王仲不幸去世后,臧儿又嫁给长陵田氏,生两男:田盼与田胜。臧儿把王太后许配给金王孙,生一女儿。但有人给臧儿相面,说她的两女儿今后必定富贵。于是,臧儿想把王太后要回来,可金王孙不答应,最后金王孙把王太后送到太子宫中。太子非常疼爱她,生三女一男。在怀男孩时,王太后梦见太阳入其怀,太子认为这是吉祥尊贵的征兆。男孩还没出生,文帝就驾崩了。太子即位,为景帝。这个男孩就是后即位的汉武帝。同时,臧儿还把小女儿王姁送入宫中,生四男,为广川王越、胶东王寄、清河王舜、常山王宪。武帝即位后,尊皇太后母臧儿为平原君,封田盼为武安侯,后为太尉,封田胜为周阳侯[①]。

臧姓,为鲁孝公子臧僖伯之后[②]。从臧荼开始,特别是其孙女臧儿,为这个异姓王家族竟带来了非凡的政治影响力。如果没有臧荼,就不会有臧儿;如果没有臧儿,也就没有汉武帝。当然,历史无法去假设,这一切的发生,或许是历史的巧遇,或是所谓人生命运的安排。无论怎样,燕王臧荼及其家族对整个中国汉皇朝及其盛世,有着无法抹去的重要作用与意义。

2. 燕王卢绾与"长王燕"

燕王臧荼被灭之后,汉高祖刘邦另立亲信卢绾为燕王,都蓟城。燕王卢绾,汉高祖刘邦所封最后一个异姓诸侯王。自汉高祖五年(前

[①] 参见《史记》卷四九《外戚世家》、《汉书》卷九七上《外戚列传》、(明)彭大翼《山堂肆考》卷四一《帝属》均对此有所记载。
[②] 《资治通鉴》卷九《汉纪一》。

202年)受封,至十二年(前195)亡入匈奴,为王凡七年。《史记》、《汉书》均为其立传。

卢绾,与汉高祖同里,是丰邑人,两家为世交,"卢绾亲与高祖太上皇相爱,及生男,高祖、卢绾同日生,里中持羊酒贺两家。及高祖、卢绾壮,俱学书,又相爱也。里中嘉两家亲相爱,生子同日,壮又相爱,复贺两家羊酒。"[①]同汉初许多王侯将相一样,卢绾没有显赫的家世,太史公称其"非素积德累善之世,徼一时权变,以诈力成功"。卢绾自年少时起直至封王,常与刘邦相随。《史记》其本传称:

高祖为布衣时,有吏事辟匿,卢绾常随出入上下。及高祖初起沛,卢绾以客从,入关中为将军,常侍中。从东击项籍,以太尉常从,出入卧内,衣被饮食赏赐,群臣莫敢望。虽萧、曹等,特以事见礼,至其亲幸,莫及卢绾。

从卢绾所处的时代和他所担任的将军、太尉等官职看,他也经历了战争的磨砺,但史书对其参战情况记载的并不多,大概是他常与高祖随行的缘故。可以说,卢绾与刘邦同生长于社会剧变的时代,患难与共,交情甚厚,也正因此,刘邦与之亲近过于其他人,即使地位显赫的萧何、曹参,他们受亲幸的程度也不及卢绾。

汉高祖二年(前205年),卢绾受封长安侯[②]。臧荼被击败后,高祖诏诸将相列侯,择群臣有功者以为燕王。群臣知晓高祖欲立卢绾的心思,因为,早在"高祖已定天下,诸侯非刘氏而王者七人。欲王卢绾,为群臣觖望",于是建议说:"太尉长安侯卢绾常从平定天下,功最多,可王燕。"这样,卢绾被立为燕王,诸侯王得幸莫如燕王[③]。

[①]《史记》卷九三《韩信卢绾列传》。
[②]《史记》卷二二《汉兴以来将相名臣年表》。
[③]《史记》卷九三《韩信卢绾列传》。

表面看，这仍是分封异姓王来统治燕蓟地区，实际上却发生了本质上的变化，因为这是汉初因功封王向因亲封王的转变①；卢绾受封只是一个信号，它标志着刘邦开始改变东方政策，由被动的接受异姓王变为主动封立同姓王②。可以说，刘邦不惜带着精兵强将力图灭燕王臧荼，又冒着引起朝野上下不满的风险而分封亲信卢绾，是有其深意的。这些绝不是随意性事件，而是具有重要转折意义③。

卢绾为燕王后，继续跟随高祖刘邦，服务于汉政权的巩固与大一统秩序的建设。就在征战叛将陈豨之时，他的心理发生了变化。当陈豨派使臣王黄前往匈奴，想得到匈奴的支持而反汉时，燕王卢绾也派使者张胜入匈奴，目的是想劝阻匈奴不要支持叛将陈豨。但当张胜听完原燕王臧荼之子臧衍的一席话后，遂改变了原出行计划，擅自联合匈奴来支持陈豨反汉击燕。卢绾初知此事，非常愤怒，立刻上书请诛张胜及其家族。然而，待张胜把臧衍的建议向卢绾详尽讲述后，卢绾立即改变已有策略，一方面派张胜再次出使匈奴，为联合匈奴而做准备，同时秘密派人联络陈豨，让他坚持作战④。那么臧衍到底说了些什么，能让燕王卢绾的政治选择发生如此大的改变？

据史书记载，臧衍见张胜曰：

公所以重于燕者，以习胡事也。燕所以久存者，以诸侯数反，兵连不决也。今公为燕欲急灭豨等，豨等已尽，次亦至燕，公等亦且为虏矣。公何不令燕且缓陈豨而与胡和？事宽，得长王燕；即有汉急，可以安国。⑤

---

①李开元：《汉帝国的建立与刘邦集团——军功受益阶层研究》，三联书店，2000年，111页。

②陈苏镇：《汉代政治与〈春秋学〉》，中国广播电视出版社，2001年，74页。

③吴凤霞：《燕王卢绾谋反与汉初政治局势》，见《汉代文明国际学术研讨会论文集》，北京燕山出版社，2009年。

④《史记》卷九三《韩王信卢绾列传》。

⑤《史记》卷九三《韩王信卢绾列传》。

臧衍认为，燕将之所以受到重用，就是因为他们熟悉匈奴情况，善于与匈奴征战；而燕国之所以能长期存在，就是因为其他诸侯王不断出现反汉，中央王朝无暇顾及较为边远的燕国。如果燕国急着灭陈豨，那么燕国的政治命运也就到了尽头。倒不如放纵陈豨而联合匈奴，这样，一可以使燕国长期存在；二即使汉皇朝危急，燕国也可安存。应该说，臧衍关于"长王燕"战略的提出，可谓对当时形势的分析切中要害，成功地抓住了燕王卢绾"长王燕"的政治心理。

当高祖得知燕王卢绾的这一计谋后，遂派人征召卢绾进宫，卢绾以病为由没有去长安觐见高祖。高祖再此派大臣前往蓟城迎接燕王卢绾。卢绾愈加害怕，仍称病未行。高祖更加发怒，又听说张胜作为燕国使者往来于燕、匈，于是高祖言："卢绾果反矣！"派大将樊哙等人击燕，卢绾率众逃入匈奴，匈奴封其为东胡卢王。一年后，卢绾死于匈奴[①]。

历史上关于燕王卢绾背汉而降匈奴的原因，有三种代表性认识：

一是把燕王卢绾"谋反"归咎于汉皇朝对他这一功臣太刻薄。明代杨循吉提出："次卢绾疑惧，欲反不反状，如两人手指而语，而汉待功臣之薄亦可以见矣。"[②]

二是认为卢绾之所以选择了"叛汉"而"降匈奴"，是因他自身的疑惧所造成的。南宋黄震就提出："卢绾与帝居同里，生同日，学同师，平生至相得，非有大功而王之燕，帝之于绾厚矣，亦以贰心自成疑惧而走匈奴，此则绾之罪也。"[③]

三是认为燕王卢绾之所以背汉而降匈奴，除了汉皇朝待这些功臣刻薄外，还与最高统治者对其猜忌息息相关。明代进士茅坤对此已有一些认识，"以前俱详次绾之见幸于汉，以后才次绾之背汉以取灭亡也，

---

① 《史记》卷九三《韩王信卢绾列传》。
② （明）凌稚隆：《史记评林》引，天津古籍出版社，2002年。
③ （南宋）黄震：《黄氏日抄》卷四六《读史》，台湾商务印书馆，1986年。

然亲爱如绾而犹为臧衍、张胜所诖误,至于亡入匈奴,亦由汉待功臣太薄,数以猜忌诛之,故反者什七八耳,悲夫!"①

如果把燕王卢绾"反叛"归结为汉皇朝对其刻薄,有些勉强。燕王卢绾,在汉初的诸多大臣中,最受汉高祖的宠信,地位甚高。他在跟随刘邦征战天下时,就"出入卧内,衣被食饮赏赐,群臣莫敢望,虽萧、曹等,特以事见礼,至其亲幸莫及绾者";后封为燕王,依然备受宠信,"诸侯得幸莫如燕王者"②。而且还与楚元王刘交共同参与、传递刘邦的一些政治密谋,"交与卢绾常侍上出入卧内,传言语诸内事隐谋"③。也正是有着这样非常特殊的地位与关系,燕王卢绾虽为刘邦分封的异姓王,但在其心理,对高祖刘邦的忠心,始终有别于其他异姓诸侯王。即使在出逃中,他还是对汉高祖刘邦心存归复之心,原想在长城脚下待高祖病愈而入谢,不曾想高祖驾崩,他才逃亡匈奴。《汉书》卷一下《高帝纪下》载曰:"卢绾与数千人居塞下候伺,幸上疾愈④,自入谢。夏四月甲辰,帝崩于长乐宫。卢绾闻之,遂亡入匈奴。"

说燕王卢绾自身疑惧对其政治选择有一定影响,这是有道理的。不过他真正惧怕的不是高祖,而是吕后。《史记》卷九三《韩王信卢绾列传》载卢绾对其幸臣言:"非刘氏而王,独我与长沙耳。往年春,汉族淮阴,夏,诛彭越,皆吕后计。今上病,属任吕后。吕后妇人,专欲以事诛异姓王者及大功臣。"卢绾的担心也不是一点道理没有,当高祖驾崩后,吕后就与大臣审食其谋曰:"诸将故与帝为编户民,北面为臣,心常鞅鞅,今乃事少主,非尽族是,天下不安。"关于"心常鞅鞅",颜师古注曰:"鞅鞅,不满足也。"⑤这对卢绾作出那样的政治选择,是一种触动因素,不过这不是最重要的。

---

① 《汉书》卷三四《韩彭英卢吴传》。
② (明)茅坤:《史记钞》,齐鲁书社,1996年。
③ 《汉书》卷三六《楚元王传》。
④ 颜师古注曰:"冀得上疾愈自入谢以为己身之幸也。"
⑤ 《汉书》卷一下《高帝纪下》。

其实，卢绾之所以"媾胡"而"背汉"，其原因是多方面的。除了以上因素外，诸如臧衍、张胜的诱导，匈奴方面的拉拢①，匈奴与燕国的交通日益密切②，等等这些条件，都会影响卢绾"媾胡"而"反叛"的进程。有学者对此有所指出，"卢绾的反叛并不能单纯从某一方面寻找原因，而是多方面相互作用的结果，其根本原因缘于汉高祖对异姓诸王采取的铲除行动。"但这里所说的根本原因，只是提到了矛盾的一个方面，而忽略了异姓诸侯王本身的政治需求③。

战国时期苏秦说燕文侯曰："燕东有朝鲜、辽东，北有林胡、楼烦，西有云中、九原，南有嘑沱、易水，地方二千余里，带甲数十万，车六百乘，骑六千匹，粟支数年，南有碣石、雁门之饶，北有枣栗之利，民虽不佃作，而足于枣栗矣。此所谓天府者也。"④《史记·货殖列传》亦载曰："燕亦勃碣之间一都会也，南通齐、赵，上谷至辽东地踔远，有鱼、盐、枣、栗之饶，北邻乌桓、夫余，东绾秽貉、朝鲜、真番之利。"这些文献记述说明，幽燕地区物质资源丰富，周边贸易繁盛，战略地

---

① [英]崔瑞德，鲁惟一编；杨品泉等译：《剑桥中国秦汉史》（中国社会科学出版社，1992年，364页）一书这样写道："匈奴对汉帝国的威胁是双重的：他们经常侵入中国边境，并且在边境地区的中国人中间，特别是对那些强有力的地方领袖，散布不和的政治影响。这种政治威胁在叛变问题上表现得最为清楚。在汉朝初期，投向匈奴的中国变节者包括刘信（韩王）、卢绾（燕王）、陈豨（代郡太守）等重要人物。"
② 对此已有一些学者指出，如林幹提出："鞠武劝燕太子丹把秦将樊於期送往匈奴，并提出联合匈奴来谋秦国，如果当时双方不是早有经常的交通，鞠武何能出此计策？"（林幹：《匈奴史》，内蒙古人民出版社，2007年，42页。）另外，王子今从燕国文化风俗来来考察交通条件，他指出："在考察燕人的神仙意识特别是燕昭王见西王母这样的传说主题时，还应当注意燕人交往西北方向民族的文化脚步，注意草原大漠这一同样便于文化交往的'大片无水的海洋'"、"从而认识燕地可以北经草原通路方便地联系西北方向古代部族和部族联盟的交通条件。"（王子今：《汉代燕地的文化坐标》，见《汉代文明国际学术研讨会论文集》，北京燕山出版社，2009年，100页。）这对我们认识燕匈关系中的"媾合"，很有启示意义。正是有这么便捷的交通，燕国才能更有机会与匈奴联合。
③ 崔明德、庄金秋：《对西汉官员投降匈奴问题的初步考察》，《烟台大学学报》2008年2期。
④《史记》卷六九《苏秦列传》。

位显著。对于这样地区的封王，自然要享有一定的政治权力与政治待遇，"长王燕"必然成为他们追求的政治目标与政治理想。

宋代学者张耒在其《柯山集》卷三七《田横论》中对此有所说明："予读田横传，横之将死，告其客曰：'予与汉王俱南面称孤，今汉王为天子，而横乃为亡虏而北面事之。其耻固已甚矣。'读韩王信、陈豨、卢绾等传，窃怪此数人者，其受汉恩亦厚矣，或拔于士伍而王之，或皆恩昵亲党，然少不得志，出则起而为乱，盖其素所蓄积，未尝不在于乱，特因事而后发，而考其本心，盖亦如田横之所耻者耶。"这是说，汉初的功臣，把与高祖刘邦同打天下而后称臣视为一种耻辱，因此他们要通过各种方式来维护自身的政治权力与地位，甚至以反叛的极端途径来实现所谓的政治理想。

燕王卢绾虽与其他功臣在军功方面有别，但他同样逃不出汉代政治环境的影响与驱使，因为他的政治目标依然是"长王燕"。只不过，他在整个"反叛"过程中，有两点较为特殊：一是他"反叛"的不彻底，始终流露出对高祖刘邦及汉皇朝大一统社会与政治制度的向往与依恋，"常思复归"[1]，他的孙子最终还是回归到汉皇朝的政治怀抱，"孝景中六年，卢绾孙他之，以东胡王降，封为亚谷侯"[2]。二是燕王卢绾选择联合匈奴来实现他的"长王燕"政治理想，虽然这是北方诸侯王国较易出现的一种政治选择[3]，如高祖时韩王信反叛而降匈奴，景

---

[1] 《史记》九三《韩王信卢绾列传》。
[2] 《史记》九三《韩王信卢绾列传》。
[3] 汉代世人常言："不北走胡即南走越耳。"（《史记》卷一〇〇《季布栾布列传》）其实，两汉时期，投降匈奴的诸侯王级别的并不多，而将领官员则为数不少，对此已有学者给予总结与梳理，如崔明德、庄金秋：《对西汉官员投降匈奴问题的初步考察》（《烟台大学学报》2008年2期）、吴明月：《谈西汉时期汉人入居匈奴及其影响》（《内蒙古师大学报》1995年4期）、张元城：《西汉时期汉人流落匈奴及其影响》（《中国边疆史地研究》2000年2期）、王庆宪：《中原人口逃入匈奴及其受到信任使用》（《黑龙江民族丛刊》2006年4期）、王庆宪：《匈奴地区的中原人口及汉匈关系》（《中央民族大学学报》2006年6期）等。

帝时赵王遂"北使匈奴，与连和攻汉"①，但比较而言，燕王卢绾"媾胡"有其历史渊源，即他之所以采纳"媾胡"来"长王燕"，离不开燕国历史上"媾胡"的设想与尝试这一背景。从燕太傅鞠武提出"北購于单于而图秦"②的设想，到臧衍逃亡匈奴祈望燕国"媾胡"来长期存在，再到燕王卢绾的具体实施，这是一个历史推演过程，不是一时的想法或临时的环境所单一造成的。

因此，从根本来讲，卢绾与其他诸侯王一样，其最终的政治命运，都是贾谊所言的"形势使然也"③。对于燕王卢绾而言，这种"形势使然"表现为燕王"长王燕"与汉皇朝构建大一统政治制度和社会秩序这一矛盾运动的结果，这才是其政治选择的根本因素。

燕王卢绾"媾合"匈奴，在当时汉皇朝统治者及群臣看来，对北方边郡带来了一些不利因素，影响了高祖艰辛忍辱换来的和亲局面，如《史记·匈奴列传》载曰："冒顿常往来侵盗代地。于是汉患之，高帝乃使刘敬奉宗室女公主为单于阏氏，岁奉匈奴絮缯酒米食物各有数，约为昆弟以和亲，冒顿乃少止。后燕王卢绾反，率其党数千人降匈奴，往来苦上谷以东。"如果从历史的另一面来认识这一现象，那么其仍有值得肯定的地方，燕王卢绾的亡降匈奴，必然把燕蓟地区先进的中原文明或多或少带入匈奴地区，一定程度上加快了北方少数民族文明进程。同时，匈奴地区的民风与经济形态对燕蓟地区也产生了一定影响。

有学者对两汉时期燕蓟社会风习形成动因作过探讨，其中在周边地区风习对燕蓟地区风俗影响方面，谈到了匈奴风习对燕蓟地区的影

---

① 《史记》卷五一《楚元王世家》。
② 司马贞《索隐》注曰："《战国策》'購'作'讲'，和也。今读'購'，与'为燕媾'同。媾，合也。《汉》、《史》'媾'、'讲'两字常杂，今言欲北与匈奴连和也。《陈轸传》亦曰'西購于秦'也。"（《史记》卷八六《刺客荆轲列传》司马贞《索隐》注。）
③ 《汉书》卷四八《贾谊传》。

响①。还有学者对影响途径也作了讨论，指出由于地缘关系，在民间日常经济交往和政权掌控者相互间侵伐的过程中，与游牧民族相毗邻的北方周边地区，社会风气受到游牧文化的熏染，民间风气具有豪气任侠、彪悍勇武性②。这些都体现了"燕变于狄者也"的历史现象③。而燕国"媾合"匈奴的政治理想及政治行为，更加推动了燕蓟地区勇武彪悍这一社会风气的形成和强化。

匈奴人的经济是以畜牧业为主，过着游牧的生活，但这种游牧经济是很不稳定的。因此，他们需要进行贸易往来④。除了一些正常的民族经济交往外，如政府主导的互市和民间交往，还有因战争和其他途径所产生的经济交往。这些交往，使得游牧民族经济形态对燕蓟地区产生了一定的影响和作用，遂形成了燕蓟地区农业与游牧相融合的混合经济形态⑤。燕国"媾合"匈奴的这一政治理想及政治行为，更

---

① 陈业新：《"勃、碣之间一都会"——两汉时期幽燕地区社会风习探微》，《中国史研究》2009年3期。
② 王子今：《秦汉区域文化研究》，四川人民出版社，1998年，154页；彭卫、杨振红：《转型与契合——解读秦汉风俗》，《史学理论研究》2001年3期。
③ 吕不韦曾言："天下之战国七，秦变于戎者也，楚变于蛮者也，燕变于狄者也。"〔见（南宋）王应麟：《通鉴地理通释》卷一《历代州域总叙上·千八百国》，另见（南宋）吕祖谦：《大事记解题》卷二。〕
④ 民族学家马长寿曾指出："由于牧民的游牧生活对于手工业的发展不利，所以他们的手工制造业产品虽然也有，但在质量和数量方面并不算很好很多。这是匈奴时期草原手工业商品所以必须仰给于外国外地的大量输入的一个重要原因。"（见马长寿：《北狄与匈奴》，广西师范大学出版社，2006年，74页。）
⑤ 王玲在其《略论北京古代经济的几个特点》（见《北京史苑》第一辑，北京出版社，1983年）一文中对北京古代经济形态作过概括性论述，"北京坐落在中原农业经济与塞上游牧经济交界之地，其经济特征，既不同于中原的繁华城市，又区别于北方草原的一般市镇，呈现出南北交融的混合经济形态。"这种经济形态具体表现是："中原与北方经济形态的混合，汉族与少数民族生产方式的混合，即以农业为主，兼备游牧、渔、猎、工、商各业。"并且指出，这种混合经济形态的形成基于两个主要原因，"首先是民族状况所造成"。

加推进了这种经济融合，使得这种混合经济形态的贸易经济特征甚为突出，特别是以蓟城为中心的燕山南麓地区。

燕王卢绾这一政治选择在当时最大的影响还在于汉代北方边疆统治策略的调整以及燕蓟地方政治形势的变化。

汉初以来，燕王臧荼"叛汉"，其子臧衍逃亡匈奴，燕王卢绾背汉而亡匈奴，试图依靠匈奴来"长王燕"，这样的历史事实引发了一系列政治形势的转变：一是汉廷不得不复归秦制，开始整齐边郡，北边郡守、尉作为防御匈奴侵扰的一支主要力量出现于北境之上，成为抗击匈奴的主要力量[1]。这样，诸侯王国在汉匈战争中的地位，不可避免地进一步下降。二是给世人造成了燕与匈奴有约来对抗汉皇朝的历史印象，如吴楚七国谋乱时，吴王刘濞就曾告诸侯王书曰："燕王、赵王故与胡王有约，燕王北定代、云中，抟胡众入萧关，走长安，匡正天下，以安高庙。"[2]虽然当时的燕王并没有参与这次谋乱，但这却使原来造成的历史印象更加凝固。三是汉皇朝时刻防范燕国的这一政治理想，汉武帝封燕王刘旦的策书就很好地体现了这一点。

3. 燕王刘旦及其政治命运

元狩六年（前117年），武帝封齐怀王刘闳、广陵王刘胥、燕王刘旦为诸侯王，各以国土风俗申戒[3]，希望他们把所在的王国治理好，共同维护汉皇朝的大一统社会与政治秩序。

对于燕王刘旦，武帝的封策是这样的：

维六年四月乙巳，皇帝使御史大夫汤庙立子旦为燕王。曰：于戏，小子旦，受兹玄社！朕承祖考，维稽古，建尔国家，封于北土，世为

---

[1] 宋超：《西汉时期燕国与匈奴关系考略》，见《汉代文明国际学术研讨会论文集》，北京燕山出版社，2009，111页。

[2] 《史记》卷一〇六《吴王刘濞列传》。

[3] 《汉书》卷六三《武五子传》。

汉藩辅。于戏！荤粥氏虐老兽心，侵犯寇盗，加以奸巧边萌。于戏！朕命将率徂征厥罪，万夫长，千夫长，三十有二君皆来，降期奔师。荤粥徙域，北州以绥。悉尔心，毋作怨，毋俷德，毋乃废备。非教士不得从征。于戏！保国艾民，可不敬与！王其戒之。①

从这段封策表面来看，它似乎强调武帝告诫燕王刘旦不要因为北边安定，就解除或放松军事防御力量，仍要负责燕北边郡的防御，意在提升燕国防御匈奴的地位，这与燕国自景帝之后封地不断缩小，实际防御匈奴的作用日益减弱相违背。有的学者对此作了分析，认为武帝如此封燕王刘旦，似乎是想通过历史上燕国与匈奴之关系，告诫刘旦要谨慎治理燕国②。

实际上，武帝的封策，所告诫燕王刘旦"毋作怨，毋俷德，毋乃废备"，是有层次的，三者表达一个整体内容，而最关键的是"毋作怨"，即告诫刘旦不要作怨，强调不要重演历史上燕国"媾合"匈奴而背弃汉皇朝中央统治的政治行为，侧重的是防御燕国与匈奴的联合，而不是燕国对匈奴的抵御。这样的话，仍符合以往中央决策中以郡守、尉为主要抵御力量，诸侯王国防御地位仍然是下降的，这也与文献记载的"诸侯惟得衣食税租，不与政事"③相吻合。

同时，这也说明武帝的封书是有深意的。褚少孙在补《史记》时，对此说得很清楚："夫贤主所作，固非浅闻者所能知，非博闻强记君子者所不能究竟其意"，"远哉贤主，昭然独见：诚齐王以慎内；诚燕王以无作怨，无俷德；诚广陵王以慎外，无作威与福"④。武帝决不

---

① 《史记》卷六〇《三王世家》。
② 宋超《西汉时期燕国与匈奴关系考略》，见《汉代文明国际学术研讨会论文集》，北京燕山出版社，2009年，114页。
③ 《汉书》卷一四《诸侯王表》。
④ 《史记》卷六〇《三王世家》褚少孙补。

允许群臣或郡国与匈奴联合而对抗汉皇朝的大一统社会体制与秩序，他对待李陵大将兵败降匈奴一案的态度，包括司马迁为李陵辩护而遭受的后果，更进步一证实了武帝的这一政治原则。

从之后的历史结果来看，武帝在策书中所寄予的希望，一部分落空了，即他想让刘旦治理好燕国，始终与中央汉王朝保持一致，但刘旦最终还是出现"谋反"夺位行为；另一部分则实现了，即他所想的燕国不再通过媾合匈奴来背叛汉王朝。燕王刘旦在其整个谋反过程中，确实没有像燕王卢绾那样，去利用匈奴来实现自己的政治目标。

从汉皇朝统治集团来讲，因为燕匈关系在整个汉匈关系中的重要位置，以及燕国历史上处理燕匈关系的所谓教训，才使得帝王对刘旦及其后的广阳王，一方面缩小封地，使其无法重演联合匈奴而"长王燕"或实现帝王梦的政治理想；另一方面则通过丰厚赐赠，使其安分守己，大葆台汉墓"黄肠题凑"葬制的发现[1]，或许对此有所提示。

而对于燕蓟地区诸侯王国本身而言，它往往突破汉代主体世界秩序，加深汉代北方民族之间的交流与发展。

正如有的学者所指出的，作为统治者来说，是很难主动而自愿和亲的，上下尊卑、严格等级与世界秩序是无法逾越的统治原则。但对于作为边郡的诸侯王国来讲，则出现与此不相适应的情况，即主动媾合匈奴，一是源于其特殊的地理位置及其相应的自身特点；二是源于其政治上保持王权的战略需要。结果，却使得汉匈交流更加深入而广泛，汉代理想中的世界秩序自由扩大与巩固，这或许是当时中央皇朝统治者无法想象或不愿看到的现象[2]。

---

[1] 据文献史料与考古学家论证，汉代黄肠题凑墓葬形制乃天子葬制级别，而作为"谋反"者之后的广阳王，能享受这样尊贵的墓葬形制，是有一定原因的。关于这一点，笔者已有一定论述，参见拙作《大葆台汉墓葬制成因分析》（见《汉代文明国际学术研讨会论文集》，北京燕山出版社，2009年）一文。

[2] 参见[英]崔瑞德、鲁惟一编，杨品泉等译：《剑桥中国秦汉史》，中国社会科学出版社，1992年，358页~360页。

"长王燕"是汉代燕王的政治追求，最初来源于对政治形势的处理，而后无意地扩及到民族融合、经济形态与社会风俗等内容。故对汉代燕蓟文化的考察，"长王燕"是很重要的政治因素。

综观汉王朝对北方燕蓟地区的统治，有两个转折点：一是异姓王向同姓王的转化，表示刘氏皇朝的大一统政治秩序和社会秩序的基本建立；二是以燕王刘旦的政治命运为转折点，燕国（郡）向广阳国（郡）过渡，从而结束了"变动"的政治态度，开始了长期的"安分守己"，认真践行"世为汉藩辅"的历史使命和政治责任。通过这两个重要的转变，北方重镇基本确立，汉皇朝经略东北的基地形成，使得以蓟城为中心的燕蓟地区，成为北方的政治中心、军事中心与文化中心，进而为北京成为都城或全国性都城奠定了文化、政治根基。

（二）北方重镇

汉代燕国的地域很广阔，《汉书·地理志下》对此作了记载："燕地，尾、箕分野也。武王定殷，封召公于燕，其后三十六世与六国俱称王。东有渔阳、右北平、辽西、辽东，西有上谷、代郡、雁门，南得涿郡之易、容城、范阳、北新城、故安、涿县、良乡、新昌，及勃海之安次，皆燕分也。乐浪、玄菟，亦宜属焉。"这可能为燕国最大的疆域，当然不同时期又有较为繁杂的变化。其东部已抵达今辽宁西部，这已为考古所证实[①]，东部南端可以界定在今鸭绿江流域，东部北端则包括长城以北的内蒙古自治区以及吉林的西部地区，这也为考古所证实[②]。燕国的西部疆域，在今山西省东北部的浑源县一带。燕国的南部疆域，在

---

① 参见王世民：《喀左铜器窖藏》，见《中国大百科全书·考古卷》，中国大百科全书出版社，1986年，248页；佟柱臣：《中国边疆民族物质文化史》，巴蜀书社，1991年，2页；中国社会科学院考古研究所编：《新中国的考古发现与研究》，文物出版社，1984年，344页。
② 参见李殿福：《吉林省西南部的燕秦汉文化》，《社会科学战线》，1978年3期；邵国田：《内蒙古敖汉旗四道湾子燕国"狗泽都"遗址调查》，《考古》1989年4期；四平地区博物馆、吉林大学历史系考古专业：《吉林省梨树县二龙湖古城址调查简报》，《考古》1988年6期。

今河北唐县、完县一带。而燕国的核心地区则在今北京市、天津市。因此，燕国的最大疆域相当于今天的北京市、天津市、河北省中北部、辽宁、吉林西部、山西东北角、内蒙古南部的部分地区以及朝鲜半岛的北部。

具体而言，燕国曾属于今北京地区的就有十六县之多，涉及广阳郡、上谷郡、渔阳郡、涿郡等。其中，广阳郡辖有蓟城（今北京市西南城区）、广阳（今房山区长阳镇古城）、阴乡（今北京城西南）三个县，上谷郡辖有居庸（今北京市延庆县东）、昌平（今北京市昌平县东南）、军都（今北京市昌平县西南十七里土城村）和夷舆（今北京市延庆县东北二十里古城）四个县，渔阳郡辖有渔阳（今北京市怀柔区梨园庄）、狐奴（今北京市顺义县东北三十里）、潞（今北京市通州区东部潞城镇古城村）、平谷（今北京市平谷区西北十二里城子庄）、安乐（今北京市顺义县西北）、厗奚（今北京市密云县东北古北口内）、犷平（今北京市密云县东北石匣一带）七个县；还包括涿郡所辖的良乡（今北京市房山区东南十八里窦店西土城），西乡（今北京市房山区西南长沟村古城）等。实际上，这只是东汉史学家班固对西汉末年燕蓟地区的记载。上述十六个县，目前基本上都得到了考古调查或发掘的证实，有的残存部分城墙，有的清晰可见轮廓。除此之外，考古发现的海淀区朱房古城遗址、房山区的蔡庄古城遗址，是史书没有记载的城。即使东汉时期，通过省并郡县制度，今北京地区属幽州，所辖地域仍很广阔，其中广阳郡领五县，四县在今北京境，为蓟、广阳、昌平、军都；涿郡领七县，一县在今北京境，为良乡；上谷郡领八县，一县在今北京境，为居庸；渔阳郡领九县，七县在今北京境，为渔阳、狐奴、潞、平谷、安乐、奚、犷平；右北平郡，领四县，无终县西部在今北京境。

可以说，两汉时期，相对整个幽燕地区"地广民希"[①]而言，北京地区的城市密度还是比较大的。而且，汉代北京地区的人口也要稠

---

① 《汉书》卷二八下《地理志下》。

密一些。根据《汉书·地理志》记载，经粗略统计，西汉末年今北京地区约有64781户，人口约为292448人，每户平均约4.5口，每县平均约为18278人。再拿西汉广阳国来说，领四县，其中三县属于今北京地区，每县平均5185户，每户平均近于4人，每平方公里平均约26人。同幽州统部各郡人口密度相较，广阳国低于涿郡（每平方公里约为49人），渤海郡（每平方公里约为40人），但高于其他各郡（每平方公里不足10人或5人）[①]。尤其到了东汉时期，诸多郡国人口在减少，而北京地区则在较高增长。当时的广阳郡辖五县，其中四县属于今北京地区，每县平均8910户，每户平均近7人，相比西汉时期，净增159174人，增长约1.3倍，平均每平方公里约78人。这样的人口密度，不仅在幽州所辖郡国中居高位（涿郡每平方公里为64人），而且在全国105个郡、国中，亦居于前20位[②]。因此，从城市的分布和人口数量，也可以看出汉代北京地区的重要性。

虽然，西汉时期，蓟城所在的行政区划，性质不定，郡国屡变。但蓟城始终为封国（郡）之都，说明其地位之重[③]。东汉时期，蓟城又为刺史或州牧驻地，在政治上，为全国一级城市[④]。光武帝刘秀，就是借助于渔阳、上谷两郡兵力，以蓟城为转住点，初步奠定了自己的实力，从而为东汉中兴做了很好的基础性准备。

而且蓟城在秦汉之前就为天下名都，到了两汉时期，依然备受关注。《汉书·地理志下》载曰："蓟，南通齐、赵，勃、碣之间一都会也。"《盐铁论·通有》载大夫言："燕之涿、蓟，赵之邯郸，魏之温、帜，韩之荥阳，齐之临淄，楚之宛丘，郑之阳翟，三川之二周，富冠海内，皆为天下名都。"同时，它还是正统宗国传承之代表，历史悠久，

---

① 参见曹子西主编：《北京通史》第一卷，中国书店，1994年，148页。
② 参见曹子西主编：《北京通史》第一卷，中国书店，1994年，184页。
③ 侯仁之主编：《北京城市历史地理》，北京燕山出版社，2000年，37页。
④ 侯仁之主编：《北京城市历史地理》，北京燕山出版社，2000年，38页。

这可以用燕王刘旦的一句话来说明:"燕国虽小,成周之建国也,上自召公,下及昭、襄,于今千载。"①如今发掘的琉璃河西周遗址和大量的战国、秦汉时期的陶井、墓葬,对此均有所反映。

　　从物产资源来讲,汉代北京地区有鱼盐枣栗之饶②。我们在踏查今北京地区的一些汉代城址时,发现其上都长有诸多的小枣树。一些汉墓在发掘前,其封土上也布满了枣树及其他植物。文献与考古均证实,汉代北京地区设有铁官,进行冶铁和铁器贸易。《汉书·地理志》载,渔阳郡渔阳县,设有铁官。在大葆台西汉墓出土的器物中,就有一件铸有"渔"字的铁斧,为渔阳郡铁官作坊标记,系首次发现③。燕王刘旦"谋反"前,曾"赋敛铜铁作甲兵,数阅其车骑材官卒,建旌旗鼓车,旄头先驱,郎中侍从者著貂羽,黄金附蝉,皆号侍中"④。唐代学者颜师古注曰:"貂羽,以貂尾为冠之羽也。附蝉,为金蝉以附冠前也。凡此旄头先驱,皆天子之制。而貂羽附蝉,又天子侍中之饰,王僭为之。"可见,当时以蓟城为核心的燕国,资源非常丰厚,除了盛产铜铁外,还有黄金储藏。再看看燕王刘旦当时居住的王宫,更能说明这一点。据文献记载,当时的王宫有饮井水、大官灶,并饲养大群的猪等家畜。其主体建筑由万载宫、明光殿、端门、城楼、城门构成,还有台水、葭水等溪流,环境优美,结构恢宏,规模颇丰。⑤由于历史原因,这些已无存,只能依据文献的只言片语来对其描绘了,但依然能窥测其奢华的气派。此外,幽燕地区为"铠马所出"之地。东汉蔡邕在上疏时提到这一点,"伏见幽、冀旧壤,铠马所出,比年兵饥,渐至空耗。"铠,甲也。《周礼·考工记》曰:"燕无函。"函亦甲也,

---

① 《汉书》卷六三《武五子传》。
② 参见《史记》卷一二九《货殖列传》、《汉书》卷二八下《地理志》、《盐铁论·本议》。
③ 参见大葆台汉墓发掘组《北京大葆台汉墓》,文物出版社,1989年,43页。
④ 《汉书》卷六三《武五子传》。
⑤ 参见《汉书》卷六三《武五子传》。

言幽、燕之地,家家皆能为函,故无函也。《左传》曰:"冀之北土,马之所生。"①

由于燕蓟地区的天然地理优势和丰富的物产资源,大量而频繁的贸易互市非常突出。《史记·货殖列传》载曰:"夫燕亦勃、碣之间一都会也。南通齐、赵,东北边胡。……北邻乌桓、夫余,东绾秽貉、朝鲜、真番之利。"东汉初年,渔阳地区在战乱时期仍能保持富裕的状态,这不得不归功于贸易往来,《后汉书·彭宠传》:"是时北州破散,而渔阳差完,有旧盐铁官,(彭)宠转以贸谷,积珍宝,益富强。"尤其是与北部少数民族之间的贸易互市,更为频繁,且有一定的政府宏观行为。这一点,将在下面关于汉代北京地区民族交融中详谈。

农业是中国古代社会的决定性生产部门,在秦汉时期它同样是最主要的社会生产部门,当时称之为"天下之大业"②,"巍峨的秦汉文明大厦,就是在农业发展的基础上建筑起来的"③。汉代北京地区的经济也相对发达,并具有北方的一些经济特征。

由于西汉前期"休养生息"的推行,特别是汉武帝继位后,进一步巩固汉皇朝的统治,使得大一统社会秩序得以继续确立,同时,也促进各地区经济文化的交流与发展。燕蓟地区虽处于农耕与游牧文化交融地带,但其农业发展仍带有时代特征。一是,广泛使用了铁农具,主要有铁铧犁、镢头、锄、铲、镰刀等。用于农耕作业新发明的铁足耧车播种技术,在这里也已使用④。这在北京地区所发掘的汉墓及其他遗址当中,均有所反映。这就为农业生产的发展创造了条件,"铁器者,农夫之死士"⑤。二是,兴修水利,灌溉农田。20世纪50年代以来,在北京地区发现大量汉代古陶井,根据考古学家的推断,这些陶井除供人饮用外,

---

① 参见《后汉书》卷六〇下《蔡邕传》。
② 《盐铁论·水旱篇》,中华书局,1992年,王利器校注本。
③ 林剑鸣主编:《秦汉社会文明》,西北大学出版社1985年9月第1版,1998年6月第2次印刷,44页。
④ 参见齐心主编:《图说北京史》,北京燕山出版社,1999年,73页。
⑤ 《盐铁论·禁耕篇》。

可能还负有灌溉农田的作用。东汉时期,渔阳太守张堪在狐奴县(今顺义县东北)利用流经境内的沽水(今白河)和鲍丘水(今潮河),引水灌田,"开稻田八千余顷,劝民耕种,以致殷富。百姓歌曰:'桑无附枝,麦穗两歧。张君为政,乐不可支。'视事八年,匈奴不敢犯塞。"①三是,农作物种植初具规模,粮食加工也有了一些发展。秦汉时主食的基本构成是:黍、粟、麦、菽、稻。粟,即小米,亦称谷子。凡古人单言"米"或"饭"多是指粟而言。在大葆台一号墓北面外回廊的大陶瓮里,就发现有带壳的小米,现已仅剩空壳;在内棺南端和西面内回廊中,都发现有栗子皮(果已无存),这种栗子为山毛榉科板栗属的板栗。这符合《史记·货殖列传》关于"燕、秦千树栗"的记载。在二号墓中,出土有小米和枣子等食品,小米已成粉末状,枣子仅有枣核。经中国科学院植物研究所鉴定,枣子是鼠李科,属普通枣②。北京所发掘的汉墓和遗址,出土了数量很多的与农业有关的器物,这也充分反映了当时的农业发展情况。如在怀柔县城北的东汉墓中出土 1 件双人踏碓俑③,可知当时虽仍使用人力操作,但双人同踏,工作效率也应是较高的。同时期在平谷县西柏店、唐庄子东汉墓也出土了陶磨和陶碓。陶碓为用脚踏的一种捣米的加工粮食工具,双人踏碓俑,再现了当时双人扶栏脚踏木碓加工粮食的情景。

在粮食种植上,还可以举一旁证来说明汉代北京地区粮食作物的丰富和农业特征。2006 年,北京市文物研究所南水北调考古工作队对房山区城关镇丁家洼村西南的丁家洼遗址进行了发掘,共发掘东周时期灰坑 127 个、灰沟 4 条④。在该遗址 105 份浮选土样中总共发现了 487 粒炭化植物种子,经鉴定,这些出土的炭化植物种子包括有粟、黍、

---

① 《后汉书》卷三一《张堪传》。
② 大葆台汉墓发掘组编写:《北京大葆台汉墓》,文物出版社,1989年。
③ 北京市文物工作队:《北京怀柔城北东周两汉墓葬》,《考古》1962年5期。
④ 参见北京市文物研究所:《北京段考古发掘报告集》,南水北调线一期工程文物保护项目北京市考古发掘报告第1号,科学出版社,2008年。

大豆、荞麦和大麻五种农作物的籽粒，合计410粒。这既有谷类作物，又有豆类和经济类作物，说明当时的农业已经开始实施多品种农作物种植制度。由出土概率和数量来看，其中粟所表现出的绝对优势，说明其与当时的日常生活最为密切，也就是说在当时人们的粮食消费中，粟是占第一位的。这与大葆台汉墓发掘情况是一致的。从而说明，该地区东周至秦汉，粮食作物应是承接、延续的。

畜牧业是农业的重要组成部分，秦汉时期的畜牧业发展也较为显著，在当时的经济中占有很重要的地位。随着休养生息的推行，逐渐改变了汉初那种"自天子不能具钧驷，而将相或乘牛车"①的局面。西汉政府在边郡大力发展官营牧场，鼓励养马、养牛等。到汉武帝时，出现了"众庶街巷有马，阡陌之间成群"②的繁荣景象。真所谓"长城以南，滨塞之郡，马牛放纵，蓄积布野"③。当武帝推行大一统对外征伐政策，大量牛马被征用，并严禁屠杀马牛，而当时养羊还不普遍，因此就中原地区一般农家来说，肉食的主要来源仍是鸡和猪。于是出现"夫一马伏枥，当中家六口之食"④的状况。即使一般农家肉食主要来源的猪，也不是每家每户都可享受的美食，"夫一豕之肉，得中年之收"⑤。对于半农半牧的地区来说，肉食来源相比其他类型地区丰富一些，不过也不是普通人家都能吃到的食物。大葆台汉墓大陶瓮、陶缸、陶罐等出土了大量兽骨，主要有猪、鸡、雉、兔、鸿雁、鲤鱼、山羊、鸟、豆雁、白颈鸭、牛、雀、鸡、天鹅等动物骨骼，反映出墓主人的基本生活情况，说明墓主人身份之高贵，同时也反映出当时当地的畜牧业相对发达，其经济类型符合其地域特征。

---

① 《史记》卷三〇《平准书》。
② 《汉书》卷二四上《食货志上》。
③ 《盐铁论·西域篇》。
④ 《盐铁论·散不足篇》。
⑤ 《盐铁论·散不足篇》。

汉代手工业也很发达，冶金业是当时最大的手工业生产部门。铁器的冶铸技术、铜器的制作工艺等都很先进。先秦时期，人们已掌握铁的锻造工艺，人工冶炼的铁器实物也已出现。至秦汉，铁器的冶铸技术更为进步，产品数量增多，种类多样。正所谓，"铜铁则千里往往山出棋置"①。燕蓟地区，设有铁官，统一管理冶铁业。而且还有冶铁作坊，在铁器铸造技术上，也具有领先地位。20世纪50年代，在海淀区清河镇朱房村曾发现一处汉代遗址，在抢救性考古发掘时，发现存有汉代铜铁冶坊遗址，炼炉已不完整，铜、铁炉渣、残碎的炼炉壁，铜镞等很多，还有汉绳纹砖砌的残墙一堵。砖窑还在其附近掘出一堆铁刀、剑、戟、锄、裤铲、镬、镜、车轴瓦等许多铁兵器和铁农具，可能就是这一冶坊的产品。②而大葆台汉墓所发掘的铁削、铁簪和箭杆，经北京钢铁研究院《中国冶金史》编写组金相检查，这几件铁器是用一种铸铁固态脱炭成钢的新工艺方法制成的，是我国目前发现的最早铸铁脱碳钢实例③，这就把这种新工艺的出现，从魏晋又向前提早了百余年④。满城中山王墓出土的铁镞也与此相同，说明西汉中期铁业官营以后，钢铁冶炼技术有了较大发展。这在世界冶金技术发展史上都有重要意义。

制陶业也是汉代北京地区发达的手工业，在已发掘的墓葬和遗址中，出土了大量的陶器。特别是一些仿铜陶器，多做出活耳，鼎和壶上加有博山炉盖，色彩用有红、白、蓝、黑等各种颜色，不但造型美观，还在陶器表面绘出各种图案，器物出土时颜色非常绚丽。仿漆陶器外

---

① 《史记》卷一二九《货殖列传》。
② 参见北京市文物研究所编：《北京考古四十年》，北京燕山出版社，1990年。
③ 林剑鸣主编：《秦汉社会文明》，西北大学出版社，1985年9月第1版，1998年6月第2次印刷，93页。
④ 马希桂：《"黄肠题凑"露真容——大葆台汉墓发掘追记》，《中国文物报》1995年1月15日、2月26日、4月2日、4月9日。

表涂一层黑漆衣,乌黑发亮,十分美观,在出土的西汉陶器中极少见。在海淀上地村汉代墓地发现了较多的烧砖的窑址和水井,反映出当时制陶业在分工上也更加明确了。另外,釉陶器的数量增多,制作精美,显示了制陶业的发展[①]。在北京地区东汉墓中发现的陶器,相当丰富,造型多样,有陶楼、陶狗、陶猪、陶鸡、陶鸭、陶奁、陶耳杯、陶炉、陶罐、陶灯、陶碗、陶俑、陶磨、陶碓,等等。如1975年北京顺义临河汉墓出土的一件彩绘陶灯,器分三节,最上为平盘,中间突起尖状灯扦,第二层饰三龙首及火焰花饰,最下层为喇叭形灯座,上面贴塑百戏杂技人物,亦分三层,上层有双人吹乐、倒立、跳丸、长袖舞各一;中层有双人吹乐、打击乐俑各一,下层有骑马俑一组。奏乐者、倒立者、长袖舞者衣均涂红彩,造型生动,通高52厘米[②]。

纺织业在中国古代是普遍的家庭手工业,具有悠久的历史。北京地区汉代墓葬中出土了一些精美的丝织品,有的保存完整,有的残缺不全。这多少反映了当时北京地区的丝织品行业的发展情况。如大葆台汉墓就出土了12件丝织品,有绢类、刺绣、漆纱和组带等。因棺椁坍塌,纺织品多错落褶皱粘结为一体,很难展开,故全貌已不可辨。不过,从残存标本仍可看出当时的纺织水平。如绢织物平滑光洁细薄如纸,织得极为紧密,其密度仅次于满城刘胜墓出土的细绢,是当时称为纨素的高级平纹丝织物。绛紫绢地刺绣色调沉着艳丽,应是战国以来名贵一时的"齐紫"传统染法染成的,绣工精致,图案是典型的汉代式藤本植物,按菱形格排列组成面饰。漆纱和组带,编织精细,加工难度大,工艺水平高,是当时具有代表性的产品。同时,组带的发现给组的定名和识别,得到了肯定的证据。2000年发掘的老山汉墓,出土的中棺棺盖上的丝织品,是一件特别设计绣制的珍品,绣品面积

[①] 参见齐心主编:《图说北京史》,北京燕山出版社,1999年,74页。
[②] 黄秀纯:《北京顺义临河村东汉墓发掘简报》,《考古》1977年6期。

之大、之完整也属北方之最[①]。

漆器制造业在汉代已经非常发达,这在当时的北京地区也有所体现。在大葆台汉墓出土漆器12件,漆器嵌件155件,漆木器5件,器形主要有漆床、卷云纹漆板、云龙纹漆器、铜扣漆耳杯、平脱漆奁、漆弓等。其中,云龙纹漆器,漆色均匀艳丽,各种动物花纹,绘画得生动细致,是不可多得的一件汉代精美艺术品,它充分反映了汉代绘画艺术的高超和漆器制作艺术的精巧。老山汉墓也出土了大量的漆器制品以及漆器构件等,这在北方汉墓中极为罕见。而且出土的漆器规格高、种类多、制作精美,如大型漆案、耳杯、盒、壶等,为不可多得的漆器精品[②]。

此外,在北京地区还出土了一些其他器物,如鎏金铜铺首、铜龙头枕、各式铜镜、精美的玉器等,反映出汉代北京地区在手工业方面的高超技艺和卓越成就。

当然,汉代北京地区在交通运输、学术文化等方面,也较有成就,如"韩诗"的开创与传承,形成与齐、鲁并驾齐驱的"诗学"。

从社会的各个方面,均能反映出汉代北京地区的重要历史地位,实为北方重镇。

著名历史地理学家侯仁之先生对汉唐北京地区的历史作用有着很深的认识,他指出:"从秦时起一直到唐朝末年,每当汉族统治者势力强大,内足以镇压农民的起义,外足以扩张势力、开拓疆土的时候,就一定要以蓟城为经略东北的基地;反之,每当汉族统治者势力衰微,农民起义作为阶级斗争的一种形式而日趋激烈的时候,东北的游牧部族,也常常乘机内侵,于是蓟城又成为汉族统治者一个军事防守的重

[①] 参见宋大川:《近年来北京考古新成果》,《北京文物与考古》第五辑,北京燕山出版社,2002年。
[②] 参见宋大川:《近年来北京考古新成果》,《北京文物与考古》第五辑,北京燕山出版社,2002年。

镇。最后到了防守无效，东北边方游牧部族的统治者，一旦侵入之后，蓟城又成为必争必夺之地，并以之作为继续南进的跳板。自然，这其间也经常出现一些比较安定的局面，于是蓟城又会很快地发展起来，成为中国北部的一个经济中心，并促进了汉族与游牧部族之间的物质文化的交流。"①

---

① 侯仁之：《关于古代北京的几个问题》，《文物》1959年9期。

主要参考文献

古文献

1. （汉）司马迁撰：《史记》，中华书局标点本，1959年。
2. （汉）班固撰：《汉书》，中华书局标点本，1962年。
3. （汉）刘珍等撰，吴树平校注：《东观汉记校注》，中华书局，2008年。
4. （汉）应劭撰，王利器校注：《风俗通义校注》，中华书局，1981年。
5. （汉）桓宽撰，王利器校注：《盐铁论校注》，中华书局，1992年。
6. （南朝宋）范晔撰：《后汉书》，中华书局标点本，1965年。
7. （北魏）郦道元撰，陈桥驿校证：《水经注校证》，中华书局，2007年。
8. （东晋）袁宏撰，张烈点校：《后汉纪》，中华书局，2002年。
9. （梁）萧统编，（唐）李善等注：《六臣注文选》，上海古籍出版社，1993年。
10. 《晋书》，中华书局标点本，1974年。
11. 《隋书》，中华书局标点本，1973年。

12. （宋）司马光撰，（南宋）胡三省音注：《资治通鉴》，中华书局，1976年。

13. （宋）乐史撰，王文楚等点校：《太平寰宇记》，中华书局，2007年。

14. （元）苏天爵撰，陈高华、孟繁清校：《滋溪文稿》，中华书局，1997年。

15. （元）马端临撰：《文献通考》，中华书局影印本，1986年。

16. （清）于敏中等编纂：《日下旧闻考》，北京古籍出版社，1981年。

17. 《畿辅通志》，河北人民出版社，1989年。

18. （清）王夫之撰：《读通鉴论》，中华书局影印本，1975年。

今人论著

（一）历史学

1. 吕思勉：《中国制度史》，上海教育出版社，1985年。

2. 北京市社会科学院历史所：《北京史研究》（一），北京燕山出版社，1986年。

3. 史念海：《河山集》4集，陕西师范大学出版社，1991年。

4. 尹钧科主编：《北京建置沿革史》，人民出版社，2008年。

5. 曹子西主编：《北京通史》第一卷，中国书店，1994年。

6. 《京华旧事存真》第四辑，北京古籍出版社，1997年。

7. 周振鹤：《中国历史文化区域研究》，复旦大学出版社，1997年。

8. 于德源：《北京历代城坊·宫殿·苑囿》，首都师范大学出版社，1997年。

9. 侯仁之主编：《北京城市历史地理》，北京燕山出版社，2000年。

10. 雷虹霁《秦汉历史地理与文化分区研究》，中央民族大学出版社，2007年。

11. 王子今：《秦汉时期生态环境研究》，北京大学出版社，2007年。

12. 孙冬虎：《北京地名发展史》，北京燕山出版社，2010年。

（二）考古学

1. 文物编辑委员会：《文物考古工作三十年》，文物出版社，1979年。
2. 中国社会科学院考古研究所、河北省文物管理处：《满城汉墓发掘报告》，文物出版社，1980年。
3. 湖南省博物馆、中国科学院考古研究所：《长沙马王堆一号汉墓》，文物出版社，1980年。
4. 北京市文物研究所：《北京文物与考古》第一辑，北京燕山出版社，1983年。
5. 中国社会科学院考古研究所：《新中国的考古发现和研究》，文物出版社，1984年。
6. 李学勤：《东周与秦代文明》，文物出版社，1984年。
7. 林剑鸣主编：《秦汉社会文明》，西北大学出版社，1985年9月第1版，1998年6月第2次印刷。
8. 俞伟超：《先秦两汉考古学论集》，文物出版社，1985年。
9. 刘庆柱等：《西汉十一陵》，陕西人民出版社，1987年。
10. 广西壮族自治区博物馆：《广西贵县罗伯湾汉墓》，文物出版社，1988年。
11. 大葆台汉墓发掘组：《北京大葆台汉墓》，文物出版社，1989年。
12. 孙机：《汉代物质文化资料图说》，文物出版社，1990年。
13. 北京市文物研究所：《北京考古四十年》，北京燕山出版社，1990年。
14. 广州市文物管理委员会、中国社会科学院考古研究所等：《西汉南越王墓》，文物出版社，1991年。
15. 北京市文物研究所：《北京文物与考古》第二辑，北京燕山出版社，1991年。
16. 李如森：《汉代丧葬制度》，吉林大学出版社，1995年。
17. 《北京建城3040年暨燕文明国际学术研讨会议专辑》，北京燕山出版社，1997年。
18. 蒋若是：《秦汉钱币研究》，中华书局，1997年。
19. 中国社会科学院考古研究所：《新中国考古五十年》，文物出版社，1999年。
20. 苏天钧主编：《北京考古集成》（四），北京出版社，1999年。

21. 齐心主编：《图说北京史》，北京燕山出版社，1999年。
22. 傅举有：《中国历史暨文物考古研究》，岳麓书社，1999年。
23. 韩国河：《秦汉魏晋时期丧葬制度研究》，陕西人民出版社，1999年。
24. 杨树达：《汉代婚丧礼俗考》，上海古籍出版社，2000年。
25. 李欣：《老山汉墓考古发掘全景纪实》，中国青年出版社，2001年。
26. 《2000年中国重要考古发现》，文物出版社，2001年。
27. 俞伟超：《古史的考古学探索》，文物出版社，2002年。
28. 北京市文物研究所：《北京文物与考古》第五辑，北京燕山出版社，2002年。
29. 赵化成、高崇文：《秦汉考古》，文物出版社，2002年。
30. 黄晓芬：《汉墓的考古学研究》，岳麓书社，2003年。
31. 李如森：《汉代丧葬礼俗》，沈阳出版社，2003年。
32. 杨宽：《中国古代陵寝制度史研究》，上海人民出版社，2003年。
33. 郭大顺、张星德：《东北文化与幽燕文明》，江苏教育出版社，2005年。
34. 洪石：《战国秦汉漆器研究》，文物出版社，2006年。
35. 汉代考古与汉文化国际学术研讨会论文集编委会：《汉代考古与汉文化国际学术研讨会论文集》，齐鲁书社，2006年。
36. 陈平：《燕文化》，文物出版社，2006年。
37. 卢兆荫：《玉振金声——玉器·金银器考古学研究》，科学出版社，2007年。
38. 赵其昌：《京华集》，文物出版社，2008年。
39. 北京市文物研究所：《房山南正遗址：拒马河流域战国以降时期遗址发掘报告》，科学出版社，2008年。
40. 北京市文物研究所：《北京段考古发掘报告集》，南水北调线一期工程文物保护项目北京市考古发掘报告第1号，科学出版社，2008年。
41. 北京市文物研究所：《平谷杜辛庄遗址》，科学出版社，2009年。
42. 北京市文物研究所：《北京亦庄考古发掘报告：2003—2005年》，科学出版社，2009年。
43. 北京市大葆台西汉墓博物馆：《北京地区汉代城址调查与研究》，北京燕山出版社，2009 年。
44. 北京市大葆台西汉墓博物馆：《汉代文明国际学术研讨会论文集》，北京燕山出版社，2009 年。
45. 苏秉琦：《中国文明起源新探》，辽宁人民出版社，2009 年。
46. 刘瑞、刘涛：《西汉诸侯王陵墓制度研究》，中国社会科学出版社，2010 年。
47. 韩建业：《北京先秦考古》，文物出版社，2011 年。

今人研究论文

（一）历史学

1. 赵其昌：《蓟城的探索》，见北京市社会科学院历史所编《北京史研究》（一），北京燕山出版社，1986 年。
2. 常征：《北京史地丛考》，见《北京史研究》（一），北京燕山出版社，1986 年。
3. 张荣秀：《从历史地理和民族环境看幽燕地区在中华民族大融合中的重要地位》，《北京社会科学》1992 年 3 期。
4. 陈平：《燕亳与蓟城的再探讨》，《北京文博》1997 年 2 期。
5. 罗保平：《刘靖建戾陵遏位置之商榷》，见《京华旧事存真》第四辑，北京古籍出版社，1997 年。
6. 韩光辉：《蓟聚落起源与蓟城兴起》，《中国历史地理论丛》1998 年 1 期。
7. 张分田、许哲娜：《黄色成为君权符号的文化动因》，《天津师范大学学报》2006 年 5 期。
8. 陈业新：《"勃、碣之间一都会"——两汉时期幽燕地区社会风习探微》，《中国史研究》2008 年 4 期。
9. 赵凯：《汉代幽燕地区人文风貌三题——以仕宦群体为中心》，见《汉代文明国际学术研讨会论文集》，北京燕山出版社，2009 年。

10. 陈业新：《"载纵载横"与无远弗近——秦汉时期燕蓟地区交通地理研究》，《社会科学》2010年8期。

（二）考古学

1. 侯仁之：《关于古代北京的几个问题》，《文物》1959年9期。
2. 冯秉其等：《房山县古城址调查》，《文物》1959年1期。
3. 刘之光、周桓：《北京市周口店区窦店土城调查》，《文物》1959年9期。
4. 甘肃省博物馆：《甘肃武威磨咀子汉墓发掘》，《考古》1960年9期。
5. 王汉彦：《北京市天坛公园内出土一对铜壶》，《文物》1960年3期。
6. 北京市文物工作队：《北京怀柔城北东周战国两汉墓葬》，《考古》1962年5期。
7. 北京市文物工作队：《北京昌平白浮村汉、唐、元墓葬发掘》，《考古》1962年5期。
8. 北京市文物工作队：《北京平谷县西柏店和唐庄子汉墓发掘简报》，《考古》1962年5期。
9. 北京市文物工作队：《北京房山县考古调查简报》，《考古》1963年3期。
10. 北京市文物工作队：《北京昌平半截塔村东周两汉墓》，《考古》1963年3期。
11. 北京市文物工作队：《北京昌平史家桥汉墓发掘》，《考古》1963年3期。
12. 北京市文物工作队：《北京西郊发现汉代石阙清理简报》，《文物》1964年11期。
13. 邵茗生：《汉幽州书佐秦君石阙释文》，《文物》1964年11期。
14. 喻震：《丰台区三台子出土汉画像石》，《文物》1966年4期。
15. 旌文冰：《北京的古陶井及古蓟城遗址》，《光明日报》1971年12月20日。
16. 甘肃省博物馆：《武威磨咀子三座汉墓发掘简报》，《文物》1972年12期。
17. 南京博物院、连云港市博物馆：《海州西汉霍贺墓清理简报》，《考古》1974年3期。
18. 张先得：《怀柔县崎峰公社发现汉代马蹄金》，《文物》1976年6期。

19. 鲁琪：《试谈大葆台西汉墓的"梓宫"、"便房"、"黄肠题凑"》，《文物》1977 年 6 期。

20. 北京市文物工作队：《北京顺义临河村东汉墓发掘简报》，《考古》1977 年 6 期。

21. 长沙市文化局文物组：《长沙咸家湖西汉曹𡟓墓》，《文物》1979 年 3 期。

22. 北京市文物局考古队：《建国以来北京市考古和文物保护工作》，见《文物考古工作三十年》，文物出版社，1979 年。

23. 《江苏高邮发掘一座大型汉墓》，《人民日报》1980 年 7 月 18 日。

24. 梁白泉：《高邮天山一号汉墓发掘侧记》，《文博通讯》，1980 年 32 期。

25. 北京市文物管理处：《北京又发现燕饕餮纹半瓦当》，《考古》1980 年 2 期。

26. 石家庄市图书馆文物考古小组：《河北石家庄市北郊西汉墓发掘简报》，《考古》1980 年 1 期。

27. 湖南省博物馆：《长沙象鼻嘴一号西汉墓》，《考古学报》1981 年 1 期。

28. 河北省文物研究所：《河北定县 40 号汉墓发掘简报》，《文物》1981 年 8 期。

29. 尤振尧：《"黄肠题凑"葬制的探讨》，《南京博物院集刊》1982 年 4 期。

30. 苏天钧：《大葆台汉墓简介》，《学习与研究》1982 年 9 期。

31. 孙机：《汉镇艺术》，《文物》1983 年 6 期。

32. 张先得：《北京市朝阳区出土汉代窖藏货币》，《中国钱币》1983 年 2 期。

33. 单先进：《西汉"黄肠题凑"葬制初探》，见中国考古学会编《中国考古学会第三次年会论文集》，文物出版社，1984 年。

34. 高炜：《汉代"黄肠题凑"墓》，见中国社会科学院考古研究所编《新中国的考古发现与研究》，文物出版社，1984 年。

35. 俞伟超：《汉代诸侯王与列侯墓葬的形制分析》，见《先秦两汉考古学论集》，文物出版社，1985 年。

36. 宋少华：《略谈长沙象鼻嘴一号汉墓陡壁山曹𡟓墓的年代》，《考古》1985 年 11 期。

37. 王灿炽：《大葆台西汉墓墓主考》，《文物》1986 年 2 期。

38. 刘德增：《也谈汉代"黄肠题凑"葬制》，《考古》1987 年 4 期。
39. 高崇文：《西汉长沙王墓和南越王墓葬制初探》，《考古》1988 年 4 期。
40. 孙机：《坐席镇与博镇》，《文物天地》1989 年 6 期。
41. 王亚蓉：《汉代的组及其工艺研究》，见《北京大葆台汉墓》附录一一，文物出版社，1989 年。
42. 周昆叔：《北京环境考古》，《第四纪研究》1989 年 1 期。
43. 叶学明、陈光：《北京市窦店古城调查报告》，《考古》1990 年 8 期。
44. 靳枫毅、鲁琪、齐心：《十年来北京考古的新成果》，见《文物考古工作十年》，文物出版社，1990 年。
45. 河南省偃师县文物管理委员会:《偃师县南蔡庄乡汉肥致墓发掘简报》，《文物》1992 年 9 期。
46. 李达：《海淀区上地村东汉墓》，见《中国考古学年鉴》，文物出版社，1992 年。
47. 黄展岳：《释"便房"》，《中国文物报》1993 年 6 月 20 日第三版。
48. 鲁晓帆：《唐姚子昂墓志考》，《首都博物馆丛刊》1993 年总第 8 期。
49. 曹砚农、宋少华：《长沙发掘西汉长沙王室墓，采用"黄肠题凑"葬制，出土金、银、玉、漆等类文物二千余件》，《中国文物报》1993 年 8 月 22 日。
50. 崔乐泉：《最早的六博棋盘——石博局》，《体育文史》1994 年 1 期。
51. 关续文：《石景山区鲁谷新村出土一对西汉石虎》，《北京文物报》1994 年 10 期。
52. 马希桂：《"黄肠题凑"露真容——大葆台汉墓发掘追记》，《中国文物报》1995 年 1 月 15 日、2 月 26 日、4 月 2 日、4 月 9 日。
53. 田立振：《试论汉代的回廊葬制》，《考古与文物》1995 年 1 期。
54. 卢兆荫：《玉觿与韘形玉佩》，《文物天地》1995 年 1 期。
55. 卢兆荫：《秦、西汉玉器概述》，《湖南省博物馆馆刊》第三辑，1996 年。
56. 卢兆荫：《玉德·玉符·汉玉风格》，《文物》1996 年 4 期。
57. 卢兆荫：《汉代贵族妇女喜爱的佩玉——玉舞人》，《收藏家》1996 年 3 期。
58. 陶宗震：《燕都蓟城考——兼论北京城的起源》，《北京文博》1996 年 1 期；

59. 关续文：《东周蓟城遗址踏勘记》，《北京文博》1996年2期。
60. 高桂云：《怀柔县汉代铸钱遗址的发现》，《首都博物馆丛刊》1997年总第11期。
61. 蒋若是：《北京大葆台汉墓年代之考古学验证》，见《秦汉钱币研究》，中华书局，1997年。
62. 谢高文、岳起：《塔尔坡秦人博局图》，《文博》1997年4期。
63. 陈平：《燕亳与蓟城的再探讨》，《北京文博》1997年2期。
64. 李如森：《汉代"外藏椁"的起源与演变》，《考古》1997年12期。
65. 卢兆荫：《略论汉代礼仪用玉的继承与发展》，《文物》1998年3期。
66. 李大儒：《密云又出土十座汉墓》，《北京文物报》1998年7期。
67. 黄展岳：《汉代诸侯王墓论述》，《考古学报》1998年1期。
68. 王永波、刘晓燕：《汉代王侯的陵寝用枕》，《东南文化》1998年4期。
69. 傅举有：《汉镇艺术的殿堂》，原载于台湾《历史文物月刊》第八卷第一期，后收入其所著《中国历史暨文物考古研究》，岳麓书社，1999年。
70. 傅举有：《论秦汉时期的博具、博戏兼及博局纹镜》，原载于《考古学报》1986年1期，后收入其所著《中国历史暨文物考古研究》，岳麓书社，1999年。
71. 李建林：《北京顺义田各庄汉墓发掘简报》，《北京文博》1999年4期。
72. 陈光：《北京市考古五十年》，见《新中国考古五十年》，文物出版社，1999年。
73. 王冰：《高邮天山汉墓墓主考释》，《文博》1999年2期。
74. 刘振东：《中国古代陵墓中的外藏椁——汉代王、侯墓制研究之二》，《考古与文物》1999年4期。
75. 周建忠：《荆门郭店一号楚墓墓主考论——兼论屈原生平研究》，《历史研究》2000年5期。
76. 秦建明、赵琴华：《便房初探》，《陕西历史博物馆馆刊》第七辑，三秦出版社，2000年。
77. 王鑫：《北京老山汉墓》，《中国2000年重大考古发现》，文物出版社，

2001年。

78. 孔繁峙:《关于老山汉墓考古发掘与研究的构想》,《北京文博》2000年3期。

79. 何汶:《历史的折射——从老山汉墓的发掘看汉代政治、经济的发展》,《地图》2000年4期。

80. 闪淑华:《齐心谈老山汉墓》,《收藏家》2000年10期。

81. 陈平:《"黄肠题凑"与"题凑"略论》,《中国文物报》2000年6月21日。

82. 张军军:《老山汉墓发掘记》(上、下),《两岸关系月刊》2000年8月、10月。

83. 陈平:《老山西汉墓主人如若是燕刺王刘旦那将是惊世大发现》,《北京晚报》2000年3月26日。

84. 友之:《说"黄肠题凑"及其他》,《森林与人类》2000年10期。

85. 友之:《再说"黄肠题凑"》,《森林与人类》2000年12期。

86. 《遥感探测老山汉墓》,《中国文物报》2000年6月21日。

87. 田远新:《老山汉墓将于下月开馆》,《中国文物报》2000年3月26日。

88. 程实:《北京发现大型西汉陵墓》,《历史教学》2000年6期。

89. 白云翔:《北京老山汉墓的发现与发掘》,《中国社会科学院院报》2000年9月21日。

90. 王鑫、程利:《北京市石景山区老山汉墓》,《中国考古学年鉴》,文物出版社,2001年。

91. 陈康:《西汉燕(广阳)王墓辨》,《北京文博》2001年1期。

92. 景爱:《来自古都北京的自然信息》,《科技潮》2001年1期。

93. 岳升阳、徐海鹏、孙洪伟:《古蓟城地貌景观的演化》,《水土保持研究》2001年2期。

94. 杨建芳:《玉韘及韘形玉饰———种玉器演变的考察》,见《中国古玉研究论文集》,众志美术出版社,2001年。

95. 周南泉:《北京丰台区大葆台西汉墓出土玉器》,《收藏家》2001年8期。

96. 郑绍宗、郑滦明:《汉诸侯王陵的营建和葬制》,《文物春秋》2001年2期。

97. 郑滦明:《西汉诸侯王墓所见的车马殉葬制度》,《考古》2002年1期。

98. 宋大川：《近年来北京考古新成果》，《北京文物与考古》第五辑，北京燕山出版社，2002年。

99. 吴小平：《"外藏椁"考》，《中国文物报》2002年6月14日。

100. 刘昭瑞：《论肥致碑的立碑者及碑的性质》，《中原文物》2002年3期。

101. 俞伟超：《考古学中的汉文化问题》，《古史的考古学探索》，文物出版社，2002年。

102. 胡一红：《大葆台西汉墓博物馆车马坑地基的防水保护和加固》，《中国博物馆》2002年3期。

103. 韩国河：《温明、秘器与便房考》，《文史哲》2003年4期。

104. 段清波、张颖岚：《秦始皇帝陵的外藏系统》，《考古》2003年11期。

105. 郑丽惠：《老山汉墓诸侯王妃是否西域胡女》，《中国文物报》2003年2月28日。

106. 吉林大学边疆考古研究中心、北京市文物研究所：《北京市石景山区老山汉墓出土颅骨的计算机虚拟三维人像复原》，《文物》2004年8期。

107. 吉林大学边疆考古研究中心、北京市文物研究所：《北京市石景山区老山汉墓出土人类遗骸的线粒体DNA分析》，《文物》2004年8期。

108. 吉林大学边疆考古研究中心、北京市文物研究所：《北京市石景山区老山汉墓出土人骨的研究报告》，《文物》2004年8期。

109. 黄荣凤、鲍甫成、李华、刘秀英：《老山汉墓出土木材的年轮年代学研究》，《林业科学》2004年5期。

110. 杨哲峰：《汉代"整木棺"现象》，《中国文物报》2004年12月24日。

111. 黄展岳：《西汉陵墓研究中的两个问题》，《文物》2005年4期。

112. 刘振东：《"题凑"与"黄肠题凑"》，《新世纪的中国考古学——王仲殊先生八十华诞纪念论文集》，科学出版社，2005年。

113. 马永赢：《谈谈"陪葬坑"的定名问题》，《文博》2005年3期。

114. 郑君雷：《论"西汉幽州分布区"》，《考古与文物》2005年6期。

115. 刘涛：《西汉诸侯王陵墓形制的演变》，《汉代考古与汉文化国际学术研讨会论文集》，齐鲁书社，2006年。

116. 刘瑞：《西汉诸侯王陵墓制度三题》，《汉代考古与汉文化国际学术研讨会论文集》，齐鲁书社，2006年。

117. 汪景辉、杨立新：《安徽六安双墩一号汉墓》，《2006年中国重要考古发现》，文物出版社，2007年。

118. 姜佰国：《京津冀地区汉代墓葬研究》，吉林大学硕士学位论文，2007年。

119. 何旭红：《"黄肠题凑"制与"题凑"制——对汉代"黄肠题凑"葬制的新认识》，《湖南省博物馆馆刊》第四辑，岳麓书社，2007年。

120. 卢兆荫：《略论汉代丧葬用玉的发展与演变》，《玉振金声——玉器·金银器考古学研究》，科学出版社，2007年。

121. 谭长生：《论汉代墓葬的文化特点》，《探古求原——考古杂志社成立十周年纪念学术文集》，科学出版社，2007年。

122. 长沙市文物考古研究所、望城县文物管理局：《湖南望城风篷岭汉墓发掘简报》，《文物》2007年12期。

123. 何旭红：《湖南长沙望城风篷岭西汉长沙国王后墓》，《2006年中国重要考古发现》，文物出版社，2007年。

124. 何旭红：《湖南望城风篷岭汉墓年代及墓主考》，《文物》2007年12期。

125. 陈平：《释"𤔔"——从陶文"𤔔"论定燕上都蓟城的位置》，《中国历史文物》2007年4期。

126. 洪石：《略论西汉墓葬中出土的木枕》，《探古求原——考古杂志社成立十周年几年学术文集》，科学出版社，2007年。

127. 洪石：《战国西汉墓出土竹木枕及相关问题》，《汉长安城考古与汉文化》，科学出版社，2008年。

128. 蒋璐：《中国北方地区汉墓研究》，吉林大学博士学位论文，2008年。

129. 邢景旺：《汉代盆型器初识：大葆台和窦店出土红陶盆型器》，《劳动午报》2008年11月18日。

130. 胡传耸：《北京地区汉墓概况及墓葬形制分析》，《北京文博》2008年4期。

131. 黄展岳：《长沙望城坡西汉"渔阳"墓墓主推考》,《先秦两汉考古论丛》, 科学出版社,2008 年。
132. 高崇文：《西汉"黄肠题凑"葬制再研究》,《北京文博》2008 年 2 期。
133. 马育良：《六安双墩一号汉墓墓主考》,《合肥师范学院学报》2008 年 4 期。
134. 马育良：《六安双墩汉墓铜壶"共府"铭文再解》,《皖西学院学报》2008 年 1 期。
135. 郭浩：《汉代王杖制度若干问题考辨》,《史学集刊》2008 年 3 期。
136. 李立：《"鸠杖"考辨》,《深圳大学学报》2008 年 2 期。
137. 赵赟：《试论汉代玉枕》,《文物世界》2009 年 6 期。
138. 黎石生：《湖南望城风篷岭一号汉墓的年代与墓主》,《故宫博物院院刊》2009 年 1 期。
139. 荆州博物馆：《湖北荆州谢家桥一号汉墓发掘简报》,《文物》2009 年 4 期。
140. 相军：《京冀地区两汉诸侯王墓研究》,吉林大学硕士学位论文,2009 年。
141. 张治强：《近两年北京地区汉代考古的发现与研究》,见北京大葆台西汉墓博物馆编《汉代文明国际学术研讨会论文集》,北京燕山出版社,2009 年。
142. 孙波：《幽燕地区汉代墓葬研究》,见《汉代文明国际学术研讨会论文集》,北京燕山出版社,2009 年。
143. 王浩：《燕北五郡及其周边地区汉代墓葬研究》,见《汉代文明国际学术研讨会论文集》,北京燕山出版社,2009 年。
144. 胡传耸：《北京地区汉代墓葬初步研究》,见北京市文物研究所《平谷杜辛庄遗址》,科学出版社,2009 年。
145. 刘庆柱：《汉代考古发现所反映的古都北京在中国历史上的地位》,见《汉代文明国际学术研讨会论文集》,北京燕山出版社,2009 年。
146. 王子今：《汉代燕地的文化坐标》,见《汉代文明国际学术研讨会论文集》,北京燕山出版社,2009 年。
147. 白云翔：《从大葆台汉墓论汉代物质文化的统一性与多样性》,见《汉代文明国际学术研讨会论文集》,北京燕山出版社,2009 年。

148. 黄展岳：《重温〈北京大葆台汉墓〉》，见《汉代文明国际学术研讨会论文集》，北京燕山出版社，2009 年。

149. 吴荣曾：《北京大葆台汉墓墓主考》，见《汉代文明国际学术研讨会论文集》，北京燕山出版社，2009 年。

150. 卢兆荫：《满城汉墓玉器与大葆台汉墓玉器比较研究》，见《汉代文明国际学术研讨会论文集》，北京燕山出版社，2009 年。

151. 刘敏：《从大葆台汉墓再谈西汉朝廷与诸侯王国的关系》，见《汉代文明国际学术研讨会论文集》，北京燕山出版社，2009 年。

152. 陈平：《战国秦汉墓"题凑"葬制兴衰、寓意浅析》，见《汉代文明国际学术研讨会论文集》，北京燕山出版社，2009 年。

153. 周正义：《大葆台西汉墓及刘建其人》，见《汉代文明国际学术研讨会论文集》，北京燕山出版社，2009 年。

154. 白岩：《大葆台汉墓黄肠题凑用材及相关环境考察》，见《汉代文明国际学术研讨会论文集》，燕山出版社，2009 年。

155. 靳宝：《大葆台西汉墓葬制成因分析》，见《汉代文明国际学术研讨会论文集》，北京燕山出版社，2009 年。

156. 罗飞：《北京大葆台西汉墓出土玉器初探》，见《汉代文明国际学术研讨会论文集》，北京燕山出版社，2009 年。

157. 侯旭东：《北京大葆台汉墓竹简释义——汉代聚落自名的新证据》，《中国历史文物》2009 年 5 期。

158. 宋蓉：《汉代郡国分制的考古学观察》，吉林大学博士学位论文，2009 年 4 月。

159. 靳宝：《汉代墓葬用柏及其原因分析》，《中原文物》2009 年 3 期。

160. 王子今：《北京大葆台汉墓出土猫骨及相关问题》，《考古》2010 年 2 期。

161. 高崇文：《释"便椁"、"便房"与"便殿"》，《考古与文物》2010 年 3 期。

162. 萧亢达：《"便房"新解》，《考古与文物》2010 年 3 期。

163. 宋少华：《长沙西汉渔阳墓相关问题刍议》，《文物》2010 年 4 期。

164. 赵妍：《大葆台汉墓选址研究》，《首都师范大学学报》2010 年 2 期。

165. 长沙市文物考古研究所、长沙简牍博物馆：《湖南长沙望城坡西汉渔阳墓发掘简报》，《文物》2010 年 4 期。
166. 安徽省文物考古研究所、安徽省六安市文物局：《安徽六安双墩一号汉墓发掘简报》，见《文物研究》第十七辑，科学出版社，2010 年。
167. 洪石：《汉代铜玉枕研究》，见《考古学集刊》第十八辑，科学出版社，2010 年。
168. 赵海洲：《秦汉时期的马车形制研究》，《中原文物》2010 年 4 期。
169. 靳宝：《大葆台汉墓出土"杖"及相关问题》，《北京文博》2011 年 1 期。

后 记

  这本小书，为北京市文物局青年出版资助项目。当时只是想通过申请这一激励项目，督促自己读一些有关北京考古和历史文化的书籍，增长一点考古学知识。但项目申请成功后，真正着手做相关研究，显得力不从心。请教秦汉考古和北京考古与历史文化专家，多方实地考察，查阅大量文献，虽有了基本框架和思路，但下笔仍很艰难。直到付梓出版之际，心里空落，觉得文中还有大量需要认真思考和完善的地方。只能以"人无完人"安慰自己，"丑媳妇终究得见公婆"嘛。

  写这本小册子，也使我真正体会到隔行如隔山的道理。原本从事史学研究，竟然窜入考古学领域，当然得挨板子了。不过，从实际效应来讲，这板子挨得值，至少在史学研究方面有了一种考古学的意识和方法，况且涉及内容都与北京有关，这对我今后从事北京史研究是有益处的。

  这本小书写得艰难，时间持续也很长。因此，最新的一些研究成果，缘于各种原因未能充分吸收，如近来看到的王子今先生的《大葆台汉墓竹简"樵中格"的理解与"汉代聚落自名"问题》(《中国国家博物馆馆刊》2011年10期)以及《山东定陶县灵圣湖汉墓》(《考古》2012年7期)、《江苏盱眙县大云山汉墓》(《考古》2012年7期)等重要论文和发掘简报，在此作出特别说明。

不管怎样，这本小作得以出版，还得感谢北京市文物局有关领导和局科研处王有泉处长、昌硕同志的鼓励和支持，感谢评审专家们的精心审阅，感谢北京大学考古文博学院高崇文教授、北京市社会科学院王玲研究员、北京市文物研究所原所长齐心研究员等专家的悉心指导，感谢中国社会科学院考古研究所徐元邦研究员的细心阅稿和认真指导，感谢原单位北京市大葆台西汉墓博物馆的有关领导和同事，感谢北京市社会科学院历史所所长王岗研究员和其他同行的支持和帮助，感谢北京燕山出版社有关领导和责编夏艳博士以及编辑俞伽女士的辛劳工作。

最后感谢爱人和岳父母的支持和理解。

谢谢！

靳 宝

二〇一二年十二月十日

于常营宝阁斋